U0687170

风劲帆满向"新"行

最美科技工作者故事汇

中国科协宣传文化部 编

学习出版社

图书在版编目（CIP）数据

风劲帆满向"新"行：最美科技工作者故事汇 /
中国科协宣传文化部编. -- 北京 : 学习出版社，
2025. 7. -- ISBN 978-7-5147-1303-9

Ⅰ. K826.1

中国国家版本馆CIP数据核字第2025KX7847号

风劲帆满向"新"行
FENGJIN FANMAN XIANG "XIN" XING

——最美科技工作者故事汇

中国科协宣传文化部　编

责任编辑：夏　静　于　璐
技术编辑：胡　啸
装帧设计：映　谷

出版发行：学习出版社
　　　　　北京市崇外大街11号新成文化大厦B座11层（100062）
　　　　　010-66063020　010-66061634　010-66061646
网　　址：http://www.xuexiph.cn
经　　销：新华书店
印　　刷：北京新华印刷有限公司

开　　本：710毫米×1000毫米　1/16
印　　张：17.5
字　　数：195千字
版次印次：2025年7月第1版　2025年7月第1次印刷

书　　号：ISBN 978-7-5147-1303-9
定　　价：82.00元

如有印装错误请与本社联系调换，电话：010-66064915

前言

新中国成立以来，广大科技工作者日夜兼程、风雨无阻、前赴后继、接续奋斗，干惊天动地事，做隐姓埋名人，以科技为笔，书写下对祖国大地最深情的诗篇，树立起一座座科技创新的雄伟丰碑，涌现出一批批最美科技工作者，留下了一个个心怀家国、守正创新、求真务实、无私奉献、协力攻关、立德树人的动人故事。

中国科协会同中国作协、学习出版社等单位，共同组织国内高水平作家团队，以"最美科技工作者"学习宣传活动选树的先进个人的事迹为基础，开展报告文学创作，多角度呈现"最美科技工作者"身上所蕴藏的科学家精神，激励广大科技工作者立足两个大局，心怀"国之大者"，坚持"四个面向"，加快建设世界重要人才中心和创新高地。

精神的力量穿越时空，榜样的光芒照亮前路。我们希望通过"最美科技工作者"的事迹，唤醒深藏在每一名科技工作者血脉深处的身份认同感、群体归属感、职业自豪感、使命荣誉感，从而激发科技工作者自觉投身科技强国建设的内生动力，引领大批英才持续向科学技术广度和深度进军，持续筑牢科技创新基石、蓄积经济发展势能、强化服务大局导向、佑护人民生命健康，以科技创新推动高质量发展的时代洪流，这也是弘扬科学家精神的题中应有之义。

当前，我们正面临世界百年未有之大变局，置身于党和国家事业发展以及实现中华民族伟大复兴的中国梦这个大局中。希望广大科技工作者以习近平新时代中国特色社会主义思想为指引，锚定2035年实现高水平科技自立自强、建成科技强国目标，坚定创新自信，坚持"四个面向"，弘扬优良学风，心无旁骛创新，把对祖国的热爱、对民族的担当、对人民的奉献，展现在埋头苦干、不断超越的创新创造实践中！

风劲帆满向"新"行
最美科技工作者故事汇

目　录
C O N T E N T S

邓景辉

翱　翔

纪红建

"小冯，快看，那根电线杆歪了！"坐在副驾驶的邓景辉扭头对坐在后座的冯维超说，然后用手指向左前方马路边的一根电线杆。

冯维超往左前方看去，确实有根电线杆，可并没歪啊。但邓景辉坚定的语气，让他突然怀疑起自己的眼睛来，一时没有吱声。

"不歪啊，就是直的！"司机插话说。

冯维超又认真地看了看左前方的电线杆，是直的呀，并且笔挺的。这回，他自信地对邓景辉说："邓总，我看也是直的呀！我们停下车来，您再看看是直的还是歪的？"

停下车，邓景辉左看右看、上看下看、前看后看，戴上眼镜看摘下眼镜看，都是歪的。

"邓总，您的眼睛是不是出了问题？"冯维超用疑惑的眼光看着邓景辉。

邓景辉摇着头，近乎喃喃自语道："可能是昨天晚上没休息好吧！"

冯维超提醒他说："邓总，您还是去医院检查一下吧！"

"没事的，我本来就是近视眼。"邓景辉微笑着说，"赶紧走吧，要不会迟到的。"

这是 2018 年年底的一天，他们正赶着参加直 -20 直升机型号工作会。

邓景辉一米七八，偏瘦、腿长，相貌英俊，风度翩翩，但他心里只有直升机，只要想到直升机，就会将生活中细小的场景抛到九霄云外。

冯维超是个心细的小伙子，毕业于南京航空航天大学，学的是飞行器设计专业，自 2014 年来到中国直升机设计研究所后，就一直跟着总设计师邓景辉研制直 -20。他不仅专业水平迅速提升，而且对邓景辉的工作、生活习惯也有了细致了解，深知直升机是他的命根子。

但"电线杆歪了"这一细节令冯维超如鲠在喉。

背水一战

邓景辉不忍回忆 2008 年汶川地震，但那场灾难的一些场景总会浮现在他脑海中。

震中是山区，地形复杂，气候多变。道路和通信中断后，里面的人出不来，外面的人进不去，幸亏直升机率先打开了空中生命通道。

然而令邓景辉愧疚与不安的是，这些直升机全是外国制造的。

难道就没有国产直升机吗？

有！但没有高原直升机，国产的直升机还不能在高原及冻雨等复杂天气条件下飞行。

自己是一个有着 20 多年工作经验的直升机设计师呀，面对山崩地裂、同胞遇难，国产直升机竟然只能"袖手旁观"！电视机前的邓景辉内心极其难受。

"一定要研制出中国人自己的高原直升机！"邓景辉痛下决心。

在当时的背景下，很快就为直 -20 立项了。

作为这个型号的总设计师，邓景辉迅速组织召开第一次工作协调会。

"我们必须研制出中国人自己的第四代直升机，不仅要能上高原，还要实现跨越式发展，打造成一代名机。"邓景辉说。

"可能吗？"

"有条件吗？"

有人表示怀疑。

"有条件要上，没条件创造条件也要上，必须达到'三全'。一是全疆域，能上山，也能下海；二是全天候，白天黑夜、冰天雪地都能干；三是全权限，全面提高直升机的精准操控能力。只有这样，才能让我们的直升机无时不在、无所不达。"邓景辉坚毅地说，"最难的是上高原。"

怎样才能上高原呢？

必须满足两个条件！

"一个条件是满足'3 个 6'，也就是说 600 公里航程、600 公斤的商载和 6000 米的动升限，说得直白一点，就是这架直升机必须能够装载 600 公斤的货物或人员，能够飞行 600 公里，飞行的高度要超过 6000 米。"邓景辉表情凝重地说，"另一个条件是，高原直升机必须能够适应复杂多变的高原气候。"

邓景辉能不表情凝重吗?

平均海拔 4000 米以上的高原,占了我国国土面积的 1/4 左右,包括有"世界屋脊"之称的青藏高原。其气候神奇而诡异,时而阳光明媚,时而乌云密布,时而黄沙漫卷,时而冰天雪地。

仰望高原,除了背水一战,他们别无选择。

随着海拔的升高,直升机发动机功率也下降得厉害,这需要旋翼提供更大的升力。邓景辉非常清楚,如果按部就班用以前的旋翼,肯定无法上高原,必须提升旋翼的性能。而要提升旋翼的性能,必须采用全新的气动布局。这是个复杂的工程,涉及翼型的选择、配置,以及桨尖的形状等。

为了进行最佳的气动布局,邓景辉特意组织两个项目团队背靠背工作,做出两种不同的气动方案。一个是 4 片桨叶的旋翼方案,一个是 5 片桨叶的旋翼方案。通过仿真分析,双方都认为各自的构型在高原上更具有优势,争执不下,谁也说服不了谁。

怎么办?

"做试验,用数据说话!"邓景辉拍板说。

随后,他们奔赴旋翼试验塔,这是测试旋翼性能的专用设备,号称"亚洲第一塔"。

为什么要在高塔之上做旋翼试验?旋翼旋转过程中会产生强大的向下气流,这种强大的气流受到地面阻挡后,折回旋翼的翼面上,使得旋翼的升力增加,影响对旋翼真实性能的判断。

两种不同构型的旋翼方案经过一番比试后,他们发现 5 片桨叶的气动性能更优,振动更低、噪声更小。

5片桨叶的旋翼方案胜出!

可是,有了一副性能好的旋翼还远远不够,还需要考虑旋翼、传动系统、发动机与机体结构的匹配性,尤其还要充分考虑直升机的地面共振问题。

打个比方,使用设计匹配性不好的洗衣机时,会产生很大的震动,摁都摁不住,甚至到处乱跑。这实际上是洗衣机滚筒的旋转频率和洗衣机的重量、刚度匹配上出现了问题。

直升机的地面共振与此有点类似,只是没那么严重。但如果直升机全机的动力学特性匹配不好,而这些附加的能量又不能被旋翼、机体和起落架的阻尼器吸收,这种能量就会逐步放大,形成恶性循环。振幅越来越大,全机振动越来越大,在很短的时间内就有可能导致机体结构破坏,甚至解体。

从设计到试验,从试验到设计,他们不厌其烦地反复尝试。

……

一次次饱含泪水与喜悦的试验,就像一朵朵奔腾不息的浪花。

研制路上,有希望与曙光,也有迷茫和困惑。

矛盾与纠结时,喜欢怀旧的邓景辉总会想到一些往事。

邓景辉的名字中有个"景"字,与瓷都景德镇有关。他父母不仅是景德镇土生土长的人,还是一线瓷业工人。

彼时,他家在十八桥农贸大市场附近一个弄堂的大院里,像北方四合院一样的大院。里面住着八九户人家,每个小门是一个小家。打开门一大家,关上门一小家。中间庭院,是大家聊天、乘凉的地方,更是孩子们欢乐的天堂。

爱是四合院的基石,情是四合院的灯火。

各家各户相处得很好，互相关心、互相帮助。不管是大人还是小孩，常常串门玩耍，闲时还围坐在院子里看电视、聊天，分享着快乐与幸福。每到过年过节，各家各户都会做年糕、打糍粑，并互相馈赠。

虽然四合院不是学校，也没有课堂，但这里教会了邓景辉怎么做人，什么是爱，什么是情。即使是现在，当年温馨的一幕幕，依然会浮现在他脑海。

邓景辉是家中独子，父母考虑到他的未来。

他是瓷业工人子弟，将来大概率是子承父业了。但父母希望他学点技艺，多点特长，艺多不压身。

于是，他跟着一位老师学习拉二胡。看着儿子拉得有模有样，父母开心地笑了，但他只学了一年多。

1977 年 10 月下旬的一天傍晚，父亲兴冲冲地回到家。

"什么事这么高兴？"母亲问。

父亲说："广播里说，国家恢复高考了！"

"真的吗！"母亲放下手中的活计。

"中央人民广播电台播的还有假。"父亲说。

父母同时将目光投向邓景辉。

虽然他还是一个 12 岁的懵懂少年，但还是从父母的欣喜中嗅到了春天的芳香。他放下手中的二胡，认真地听着父母之间的对话。

"景辉，以后把主要精力放在学习上，争取考上大学。"父亲说。

邓景辉点了点头。

经过 5 年紧张而愉快的学习，邓景辉迎来了高考。

父母希望他以后当一名医生，不仅可以照顾家人、亲戚，还可以照顾到邻居。再说，医生是个吃香的职业，不仅贴近生活，还越老越值钱。填志愿时，首选的便是医学类专业。

然而，他收到的却是西北工业大学的录取通知书。

父母有些失望。工业与医学相差太远，更何况西北工业大学在西安，他们担心邓景辉不能适合那里的气候与饮食。

邓景辉却暗自窃喜。自从懂事开始，他就知道景德镇有个专门研制飞机的"神秘单位"，每当听到有直升机起飞，他就异常兴奋。去西北工业大学学飞机结构与强度专业，不是离这个"神秘单位"更近了吗？

"老邓，你家景辉考上西北工业大学是好事呀，说不定以后还分到那个单位呢。"大院里的一个邻居看邓景辉父亲闷闷不乐的，一边用手指了指研制飞机的"神秘单位"方向，一边开导他说。

邓景辉父亲赶紧扬手制止："千万别乱说，那可是国家重要单位，一般人可进不了。"

"我家景辉要是能进这个单位，那就是老祖宗修来的福分。"他在心里默念着，并朝"神秘单位"方向仰望。

刀尖上跳舞

邓景辉明白，要上高原，必须攻克旋翼防冰除冰技术。

这是关键技术，也是核心技术。

高原地区，空气对流强烈，直升机容易遇到结冰云层。如果遇到，桨叶前沿便会结冰。如果不能及时除冰，气动就会发生变化，影响直升机升力，后果不堪设想。面对结冰云层，国产直升机要么不敢飞，要么就躲着飞。

原理大家都懂。

技术的关键，是通过对复合材料内埋加热组件的热功率密度进行精准控制，温度高了可能烧坏桨叶，温度低了又无法除冰，可能导致灾难性后果。

加热组件埋在桨叶中，如何在桨叶高速旋转下保证组件的寿命和可靠性，涉及的技术问题相当复杂。

但核心技术掌握在欧美少数几个国家手里。

"景辉，研制时间紧、任务重，如果困难大，可优先考虑对外合作。"领导说。

虽然内心深处是不屈的意志，但邓景辉还是认同领导的提议，不仅可以降低研制风险，还可缩短研制周期。他们也诚心诚意地与欧洲一家公司谈了，但谈着谈着，人家就变了脸，断然拒绝合作。

郁闷与无奈化成了动力与激情！

"我们自己搞，只能成功，不许失败，否则我们的直升机永远上不了高原！"邓景辉给团队开会时的话语坚毅而悲壮，"我们一定要为中国人争这口气！"

随后，他带着团队一头扎进旋翼防冰除冰热力分析、加热组件研制等探索之中。

直升机装备是设计出来的，更是试飞出来的，必须在实践中收集数据，积累经验。

从冰风洞试验、模拟结冰环境下的喷洒塔试验开始。

第一次试验就险象环生。

▶ 邓景辉（右二）带领团队做试飞前的准备工作

桨叶上冰层结得太厚。飞行中，脱落的冰层，砸到平尾上，并将其击穿。幸亏这只是试验，所有人员都进行了有效保护。

"要是在真实结冰环境中，直升机会不会坠落呢？"

"要是真实飞行中，冰层砸的不是平尾，而是飞行员呢？"

首次试验，给了邓景辉他们深刻的教训和慎重的警示。

随后的设计更加谨慎、细致、精准，他们成了刀尖上的舞者。

他们又从仿真技术实验，来到真实结冰环境试验。

高寒试飞，他们选择了我国最北的城镇——有"北极村"之称的漠河。

为了捕捉低温环境，他们凌晨三点起床，到机场进行试飞前的各项准备，凌晨四五点温度最低时进行试验。高寒不仅考验着直升机，也考验着邓景辉他们的抗寒能力。

一次，直升机尾部的一个合页出现了裂纹需要更换。

为了保障第二天的正常飞行，他们必须在当晚更换合页。因为模拟野外实战状态，直升机停泊在户外。而当天晚上的温度达到了零下 40 摄氏度，冰天雪地，滴水成冰。一到户外，他们浑身直打哆嗦。从南方穿过来的鞋子底太薄了，一下子就被冻透。

受空间限制，换合页时不能戴手套，只能赤手工作。可是，在极寒环境中，稍不注意手就会被冻伤，甚至有截肢的危险。

怎么办？

只有实施"车轮战术"。一个同事先上，下车赤手干五分钟后，回到车上保暖；同时，另一个同事上，也赤手干 5 分钟……如此循环。

即使这样，他们也总感觉自己的手不听使唤，一个平常极其简单的工作，干了整整 3 个小时。

进高寒也是为了上高原。

上高原是一道难关，但必须上，必须接受各种严峻考验。

如开车携带真空食品上高原，随着汽车不断爬高，小的真空袋会越来越膨胀，这是由于气压高度的变化导致的。有次考察气压高度对直升机的影响，在高空 7200 米处时，飞行员反映，油箱里的油量显示越来越多，明显不合常理。为安全起见，飞行员随即返航。返场后检查发现，油箱与机体结构连接的尼龙锁扣脱钩，导致油箱内收，油面升高，油量指标器便误报了。这是在平原验证中暴露不出来的问题。

又如在高原开展不良目视环境下的试飞。在平原，即使是无月无星、伸手不见五指的夜晚，还有城市和村庄的灯光作为参考物。高原却不一样，这里地广人稀，没有灯光，也没有任何参照物，飞行之难可想而知。在这里试飞，有点类似于汽车在高速上行驶时突然遇到瓢泼大雨，雨刮器还来不及刮掉挡风玻璃上的雨水，路面完全看不到，无法对驾驶方向进行修正。这时，驾驶员心里会出现恐慌，甚至眩晕与错觉。车明明是往前开，驾驶员却觉得是静止或者后退。对飞行员来说，此时就犹如直升机被一层厚厚的黑布包裹起来，完全得靠仪表飞行，且疲劳强度极高。为了提高飞行员在夜间飞行的适应性，他们通常会在白天用黑布将一名被训练的飞行员头盔包裹起来，让他完全看不见外面，模拟夜间飞行，他只能通过头盔护目镜上的显示图像和参数进行仪表飞行。另一名飞行员则进行辅助操纵，进行纠偏，以保证飞行安全。

天山山脉北麓的那次试飞，邓景辉刻骨铭心。

那天上午还是晴空万里，中午时分，厚厚的云层开始从天山蔓延过来。

一个小时后，便是遮天蔽日。

"机会来了！"邓景辉有些激动地说，"立即开展试飞工作！"

虽然有过大量的实验基础，也在直升机上进行了实时的载荷监测、振动监测以及相关的安全参数监控，但面对首次在真实结冰环境下试飞，邓景辉依然难掩紧张。

起飞 20 多分钟后。

"已经进入结冰区。"

"灯光开始告警！"

"语音开始告警！"

"风挡雨刷明显出现结冰！"

……

塔台传来飞行员的声音。

大家的心一下子就提到了嗓子眼，整个监控室鸦雀无声。平时跟人说起直升机就会侃侃而谈的邓景辉，此刻表情凝重，他屏住呼吸，目不转睛地盯着监控屏幕。

"直升机操纵正常！"

"振动正常！"

"发动机扭矩正常！"

"系统工作正常！"

……

飞行员向塔台的报告，使邓景辉脸上绽放出丝丝笑容。

让邓景辉感动的是，飞行员认为人机状态良好，遇到这样的结冰环境，机会难得，主动要求多进行几次测试。

于是，直升机一遍又一遍冲进结冰云层，拿回极其宝贵的数据。

当直升机落地，他们冲了过去，想第一时间了解飞行员的

▶ 直-20 实现飞跃海拔 5200 多米的唐古拉山

▶ 直-20 在雪域高原试飞

感受。

"飞得太过瘾了！"飞行员说，"以往我们遇到可疑云雾都是绕着飞、躲着飞，这次我们是追着它飞，真是太过瘾了！"

飞行员豪迈的话语，湿润了邓景辉的眼眶。

他就这样带领团队，在高原、高寒等外场，追着试飞的直升机奔跑。

那次到漠河试飞，邓景辉还苦中作乐，泼起了冰花。

手捧冰花，他的思绪便回到了大学时代。

西北工业大学，是他直升机梦想启航的地方。

他最向往的是冬天，不仅可以打雪仗，还可以玩冰花。但从未觉得有多冷，他甚至认为冬天里穿棉袄最早的是北方人，穿得最多的也是北方人。

虽然他逐渐对飞机有了理解与感情，也喜欢北方的冰雪，但从未将这两件事物关联起来。

他从未忘记写检查的事儿。

刚进大学不久的一天，学校组织去西安东大街搞活动。

下午4点多，活动结束后，邓景辉和另外两个同学脱离队伍，在街上游玩起来。他们吃了零食，又看了一场电影，才意犹未尽地往学校赶。

学校那边呢，辅导员左等右等不见他们回来，等到晚上九点多寝室快熄灯了还没回来，辅导员既焦急又气愤。

当他们三人晃晃悠悠回到学校时，辅导员和系主任都板着脸站在门口等着他们。

"你们去哪里了？"系主任质问道。

"看电影去了！"他们说。

"谁叫你们去的？"系主任继续质问。

"我们以为搞完活动后就可以自由活动了。"他们说。

"你们跟谁说了？"系主任又问。

"谁也没说！"他们说。

"毫无组织纪律性！写完检查再睡觉！"系主任批评道，"你们学的是飞机专业，将来都是科研人员，甚至还可能成为科学家。没有组织纪律性怎么当科学家，怎么办成大事！"

"第一次带学生，组织活动就'丢人'了。下次这样的事情绝不允许出现！"系主任转头对年轻的辅导员叮嘱道。

17岁的邓景辉本来心里还有抵触情绪，但听系主任这么一说，顿时觉得愧疚无比。

于是，他和其他两位同学乖乖到教室写检查。

这篇检查，他写了十来页，一直写到凌晨四点。

这篇检查，写进了他心灵深处，至今依然如同警钟常在耳畔。

自由翱翔

"邓总，您必须去医院检查！"冯维超语气坚定地说。

去年年底"电线杆歪了"的细节，加上现在邓景辉眼睛频繁疼痛，让冯维超感到了事情的严重。

当时正值8月，离国庆70周年阅兵式只有一个多月了。为保证直-20直升机顺利亮相阅兵场，邓景辉带着团队已经入驻北京郊区。

"要不等阅兵结束再去吧！"话到了邓景辉嘴边又收回去了。

他实在是痛得忍无可忍了，并且满眼歪了的电线杆，长时间加班和高强度的工作，加上外场恶劣的试验试飞环境，其实眼睛早就出了问题。

他早就应该去医院检查了，但为了保障型号的推进，将治疗时间一推再推。

其实，他带着团队完成型号定型并交付用户之时，眼疾也到了非治不可的地步。

"今天训练方队有事，不进行飞行训练，刚好要到市里协调工作，顺带到同仁医院检查一下。"冯维超提议说。

"好吧！"邓景辉还是有些不情愿。

来到同仁医院一查，是视网膜黄斑裂孔。

"已经非常严重了，必须马上住院做手术。"医生说。

听医生这么一说，邓景辉急了："医生，能不能国庆后再来治疗。"

邓景辉首先想到的是直-20，他又何尝不想亲眼看它们飞过天安门上空呢。

医生不知道邓景辉的心思呀，只是以医生对患者负责任的态度重重地说道："不行，必须马上住院。"

"医生，我这段时间有重要事情要做。"邓景辉用几乎哀求的口吻说。

"你的黄斑裂孔已经非常大了，如果再不做手术，可能出现视网膜脱落，导致视力完全丧失。"医生说，"孔已经很大了，即使做手术，能不能恢复还很难说。"

"小冯，我们走，医生总会夸大病情。"邓景辉拉着冯维超就往外走。

"你的眼睛有可能没到国庆就看不到了。"医生凝视着邓景辉说。

邓景辉这才缓缓停住脚步。

幸运的是，手术很成功，恢复也较理想。

国庆阅兵那天，做完眼部手术不久的邓景辉，眼睛还看不见任何东西，只能或趴着或低头，让眼睛与地面平行。

清早，他就趴到家里客厅的沙发上。

"左丽华，把电视打开，调到中央一台，把声音调大。"邓景辉对妻子说。

妻子马上打开电视，调到中央一台，并把声音调到很大。

有意思的是，他妻子和女儿都是逐梦蓝天的航空人，妻子搞液压专业，女儿搞自动控制专业。这是个名副其实的航空之家。

10时43分，空中护旗梯队拉开了阅兵分列式的序幕。

邓景辉屏住呼吸，静静聆听着。

"陆航突击梯队正在接受检阅！"

"6架直-20战术通用直升机！"

……

"飞旋的铁翼为陆军插上了腾飞的翅膀！"

这意味着，直-20不仅正式公开亮相，并定型交付空军部队开始服务于国家安全。

这才是真正的自由翱翔！

听到这里，邓景辉再也克制不住自己，顿时泪如泉涌。

妻子同样饱含热泪，一只手用纸巾轻轻拭去邓景辉脸上的泪花，另一只手轻轻地拍着邓景辉的后背。

岁月的那头，是父母的欣喜。

1986 年，4 年大学生涯结束后，邓景辉面临分配。

他首先想到的就是那个专门研制飞机的"神秘单位"。

"分配到什么单位了？"父亲问。

邓景辉用手指着"神秘单位"的方向说："那个单位。"

父母一听，脸上的笑容像花儿一样灿烂。

母亲做了一顿好吃的，父亲请来邻居小聚，喝着小酒。

从此，熟悉而陌生、临近而遥远的"神秘单位"，与他们亲近起来。

第二天一早，父亲专门上街给儿子买了辆航空工业黎阳牌自行车。既方便儿子上下班，也是为了奖励他。

8 月 7 日，在父母的目光中，邓景辉骑着自行车奔向自由翱翔之路。

令邓景辉不解的是，学飞机结构与强度专业的他，却被分到旋翼系统设计研究室当设计员。

"主任，我不能在这里。"邓景辉找到室主任说。

"怎么啦？"室主任问。

"我是学飞机结构与强度专业的，怎么把我分到旋翼系统设计研究室呢，专业不对口呀，我要申请去强度室。"邓景辉说。

室主任笑了。

"虽然是按专业分的科室，但专业与专业之间并无绝对界限。"室主任说，"物以稀为贵，你在旋翼系统设计研究室多好啊，整个科室就你一个学飞机结构与强度的，这对我们研究室是个很好的互补。只要你肯学，将来你的专业会更加全面，不仅更有优势，还能挑大梁。"

那时，邓景辉还体会不到旋翼的重要性。

旋翼不仅代表着直升机的发展水平，还对直升机在飞行中的高度、速度和距离都有着决定性的意义。国外各大直升机公司始终将其作为核心秘密，竞争砝码。

但邓景辉知道学习的重要性，甚至有种紧迫感。

每天清晨邓景辉就来到办公室，首先打扫卫生、打开水，然后开始学习英语，等上班的号声吹响，便投入紧张繁忙的工作中，到了晚上，还要学习与旋翼相关的专业知识。

一切的一切，都在为未来自由翱翔做准备。

换道超车

科研无止境，孜孜攀高峰。

旋翼防冰除冰技术，只是直-20必须攻克的技术难题之一。邓景辉他们还在其他诸多领域，也取得了突破性进展。

如电传飞控系统的应用，便实现了零的突破。

与传统的机械飞控相比，电传飞控除可大幅降低飞机重量外，还能大大提高飞行操作性能，是新一代直升机的发展趋势。

可是，当时国内并没有直升机采用电传飞控技术，国外的例子也凤毛麟角。大家普遍认为电传飞控系统没有安全保障。

"小邓，这个型号成功是第一位的，你搞出来有没有飞行员敢给你飞呀？"

"你还是保险一点，上电传飞控系统，再加一套机械飞控，两套全上。"

"该背的重量背了，不该背的也背了，两套系统切换过程中的风险怎么办？"

......

前期论证时，研究所的老同志表达着担忧，也有同行表示了质疑。

面对担忧与质疑，一番慎重考虑后，邓景辉最终选择直接采用电传飞控，不加备份方案，实现一步到位。

邓景辉不是拍脑袋决定的，而是建立在过往大量理论、软件和硬件试验的基础上。

后来的事实证明，他的决策是正确的，电传飞控系统实现了直升机的跨越性突破，振动主动控制、自动配电系统，都在直-20上得到了应用。

也因为电传飞控，直升机实现了机敏操控，精度从原来的米级提升到厘米级。

在西藏高原的一次实战演练中，直升机将外吊钩精准放进一个奶粉罐中。

这在以前是不可想象的。

一方面，在高原风大难以操控；另一方面，外吊挂的吊钩尺寸和奶粉罐口大小非常接近，相当于直升机在"穿针引线"。

有机遇就有挑战。

邓景辉他们遇到了智能、无人、绿色新能源的冲击。原来旋翼、发动机、传动系统是直升机的三大部件，现在却变成了新三样：电池、电机、电控。

与其他科技门类一样，直升机技术创新也面临新挑战。

▶邓景辉（中间）和他的团队迎难而上，主动抢占新赛道，实现"换道超车"

　　邓景辉和他的团队迎难而上。他们不再在原来的轨道上行驶，而是主动抢占新赛道，实现"换道超车"。

　　他们将目光瞄向智能、无人、绿色新能源等未来直升机的新方向，开启了新的技术探索与研究。

　　他们更加注重集成创新和协同创新，促进行业创新资源的"共享共用"，聚焦制约直升机跨代发展的基础性、前沿性技术研究，注重型号重大技术攻关和前沿创新。

　　让中国直升机技术赶超世界先进水平，实现系列化发展，保卫祖国的安宁，这依然是邓景辉最执着的追求。

　　对直升机的理解与热爱，邓景辉也是循序渐进的。

　　分到旋翼系统设计研究室第二年，他接到一个重要任务，用计算机对复合材料结构件性能进行仿真。

　　以前直升机上用的是金属材料，强度低、重量重，当时他们准备用复合材料，强度高、重量轻，经济上也更加划算。复合材料在国外并不鲜见，但国内刚刚起步，属于新材料、新工艺。搞复合材料的设计与分析，需要科学数据的支撑。

对于复合材料性能参数的计算，如果用传统的手算效率太低，需要用计算机算。所里没有计算机，他们只能到上海的一家兄弟单位去计算。

为了精准计算，他做了充分的准备。在上海的那家兄弟单位排了几天队后，终于轮到他计算了。可当他将数据输入计算机后，发现出来的结果并不是自己想要的。他怀疑数据有问题，但一时找不出问题的症结。

一周后他垂头丧气地回到所里。

"科研向来不是一蹴而就的，是从不断的失败中找到的。遇到点困难就退缩，以后怎么干大事？"室主任开导他说，"不要有压力，也不要气馁，再好好研究研究，看看问题出在哪里。"

室主任的开导，让邓景辉的心情平静下来。

经过细致分析，他发现网格编码的一组数据反了，导致整个计算出来的结果出现乱码。

第二次，他带着新的数据再次来到上海那家兄弟单位，一番计算后，他拿到了满意的结果。

不久后，邓景辉又干了件对他影响很大的事。

"小邓，所里准备让你承担星形柔性桨毂核心部件'星形件'的设计分析任务，不知道你愿不愿意？有没有这个信心？"室主任找到他说。

"我愿意！有信心！"邓景辉毫不犹豫地答道。

这是他第一次与旋翼展开亲密接触。

虽然他还是直升机领域的一名新兵，但他知道这个设计分析任务的重要性。星形柔性、球柔性和无轴承旋翼，在国外已经较为广泛发展和应用了。但在我国，还没有自行研制过直升机旋翼系统，只有测绘仿制金属铰接旋翼的零星技术经验。

没有复合材料铺层设计软件，也缺乏结构设计经验，怎么办？

只有从书本和失败中找办法。

他一边查阅国外的技术资料，一边自己编制相关软件，反复编程、反复计算、反复调试，最终形成直升机所第一个复合材料桨毂的设计分析软件。

这项技术后来在直–11 的研制中得到成功应用，并为我国掌握先进旋翼设计分析技术开了先河。

从此，他与旋翼结下了不解之缘。从一个计算到一个部件，从一个部件到一个系统，再从一个系统到一个重要型号⋯⋯

作为一个直升机人，他的梦想始终在蓝天白云间翱翔。

邓景辉也从一个"初生牛犊不怕虎"的毛头小伙，成长为一名头发花白的航空工业直升机旋翼专业首席技术专家、国家重点型号总设计师。

邓景辉告诉我，他的包里总是放着两副眼镜。

我问他为什么。

他说做完眼部手术后，调焦不行了，一副看近处，一副看远处。

其实无论近处还是远处，他的眼里都是直升机，依旧是那颗航空报国的初心。

陈 章

电波玫瑰陈章

周 习

一

年轻的女科学家陈章，一头齐肩短发，刚刚出差回来，也不休息，一大早就来到单位，麻利地套上淡蓝色的工作服，来到联试区和同事们一起排查问题。她负责的通信领域开创性项目正在向前推进，全新的系统全新的应用模式，问题层出不穷，都是之前没有遇到过的。

陈章和同事刚要进行再次测试，忽然感到一阵头晕目眩、浑身乏力，甚至恶心呕吐。"怎么啦？这可怎么办？"她抬起头来，走出去，想试试这种症状减轻了没有。大约上午8点，太阳高高地悬在头顶，症状一点也没有减轻，并且又开始有呕吐的感觉。她觉得有必要去市妇幼保健院检查一下，毕竟这个月大姨妈没按时来。

陈章一个人来到南京市妇幼保健院，熟练地挂号。出发前，她刚跟同事电话探讨问题的解决方案。一边在项目上奋斗，一边又要去医院看妇科，看看自己一直不怀孕的毛病到底出在哪里。后来她又去查子宫，做输卵管疏通。虽然都是疏通工作，都要消耗体力脑力，还要承受疼痛，可是一头承担的是祖国的大业，一头是为家庭传宗接代，都是头等大事，哪一件都马虎不得。一年半来，她一直在备孕。前几天团队接到一个突发紧急任务，于是陈章和她的团队通宵达旦进行准备，需要出差到外地才能完成。这不，完成任务回来后，刚刚心里放松下来，就感觉病了。

开化验单、化验尿液、取结果、让医生诊断，结果医生告诉她，怀孕了！陈章一时怔在那里，她反复问医生："我真的又怀孕了？"当得到医生肯定答复后，陈章既高兴又忧虑。她特别担心的是：回家保胎还是继续参加科研？要知道，她可是失去过一次做妈妈的机会。那时新婚不久，也是在一次出差回来后，陈章发现自己怀孕了，没有在乎，继续工作，还没高兴多久，就因劳累见红了，只好保胎，就这样一直坚持到了春节放假，爸爸妈妈高兴地来南京陪宝贝女儿过年，女儿却开始大出血，老公连夜送她去急诊。一个男妇科医生给她做了检查，恼怒地说："保什么胎，这胎都这样了，已经保不住了，赶紧别要了！"那一次，血浸透了陈章的裤脚，她扶着墙艰难地走出了手术室，浑身无力，也是一个母亲内心和身体的无力。就这样，陈章失去了第一个孩子。那天，她哭了一次又一次。每当夜深人静的时候，她想起这个孩子，总是默默地心痛，悄悄地流泪。后来，她来到灵谷寺超度他，她相信，虽然没有见面，但是都应该作为家庭的一个成员。从那以后，陈章再也没有怀孕。她试探着和丈夫商量，丈夫也大度地说，大不了咱们做丁克家庭。说归说，怀不上孕，不光夫妻俩焦虑，双方父母也焦虑，丈夫是独生子，自己又是独生女，那是怎样的一种焦虑呀！家庭的焦虑和职场的焦虑同时困扰着陈章。

　　这次怀孕，焦虑一扫而光。陈章拿着检查单，陷入了两难境地，她想，测试系统还没有搭建完成，才从一个模糊的影子变为一个可落地的系统，各项科研任务也逐步启动，要是回家养胎，可就卡在我这里了，若是临时换人，这么复杂的系统是不可能的。怎么办？陈章抚摸着肚子，喃喃说："陪着妈妈坚持一下看看！行不行宝宝？"

　　日子在飞，在强烈的孕吐中，陈章的肚子越来越大，孕期的女职工可以每天提前一小时回家休息，这是企业的规定。企业很爱护女职工，不提倡加班加点。但是陈章不但没有休息，反而天天加班。婆婆来照顾她，母亲也来照顾她。但是她顾不得照顾自己，依然奔波在岗位上。和电波打交道，必须穿防护服，尤其是怀孕了，但是她有时会忘记穿，就在各类设备之间来回穿梭。整个孕期除了产检，陈章几乎没有请过假，几乎每天都加班到很晚。

　　怀孕 6 个多月时，突然接到通知，临时召开一个紧急会议，陈章不得不连夜准备尚未齐备的材料，顶着孕肚奔赴北京。到京后，她连夜准备第二天汇报的 PPT。那两天，可能因为陈章没有睡好，宝宝也没有休息好，就在肚里翻腾。陈章抚摸着肚子，歉疚地对宝宝说："和妈妈再坚持一下，和妈妈再坚持一下！"

　　在陈章的眼中，项目也是她的一个孩子，他们一个是爱情的结晶，一个是事业的结晶。一前一后，他们就像双胞胎一样来到了她的身边。让她难以取舍，又是那么难以兼顾。

　　陈章肚子里的宝宝和她的项目同时在成长，陈章过年在家待产期间，完成了原创算法设计，赶在生产前将技术方案交到了开发人员手中。在预产期当天住进了医院。

到了第二天，孩子还没有出生的迹象，医生只好给她打催产素。打完催产素进待产室，从早上6点一直到晚上，一直在阵痛，一直在流血，病床的铁护栏感觉都快被捏断了，就是不见开宫口，生娃前，陈章就考虑到剖宫产的孩子，总是不如自己生出来的孩子健康和勇敢，于是陈章咬着牙决定再看看。直到晚上6时30分，白白胖胖的儿子终于出生了。陈章脸上露出了笑容，儿子出生的那天正好是2月14日情人节，体重是3.14公斤，看着来之不易的儿子，陈章和丈夫这两位理科生给儿子取名为兀兀。

二

晚上8点，陈章带着满心的忧虑下班回到家，立刻从公公婆婆手中接过了哭闹不停的儿子，第二天上午8点就要进行整机测试了。之前环境试验时出现了一个死机问题，陈章一直担心这个问题会导致后面试验失败，于是构造了各种各样的测试场景，安排了测试人员两班倒复现问题，由于复现概率极低，测试人员整整复现了五天五夜，直到第五天才把问题复现出来。

产假结束后，陈章立刻上班了，为了赶上任务节点，陈章第一时间参与到了整个项目的开发中。但是儿子特别难带，晚上都是要陈章抱着睡觉，每天晚上陈章只能睡两个小时。白天还要强打精神去上班，她背负着巨大的压力来推动项目的进展，要完成和充分验证多项原创设计，同时要确保试验成功。为了解决一个稳定性问题，陈章他们团队连续几晚通宵排查，为了验证原创算法的可靠性，他们不分昼夜跑了近百组测试模型。第二天就要整机测试了，之前碰到的死机现象还是不出现，陈章一边听着电话那头孩子的哭声，一边指导团队进行测试工作，待现象终于复现后才安排好排查任务回家带儿子。

晚上 10 点，那边的研发人员带着哽咽声说："现在死机现象会一直出现，但是定位不到问题，怎么办？"陈章一听也急了，她想都没想，就一只手抱着满脸泪痕的儿子满屋子转，一只手拿着手机远程指导他们排查问题，跟着技术人员一起定位分析。电话那头的研发人员是陈章新带的徒弟，小伙子开始感到师傅陈章非常严厉，不敢多和她说一句话。

继续排查，不厌其烦，终于在凌晨 4 点找到了问题根源，成功了。放下电话的那一刻，陈章手心都是汗，长时间抱着宝宝的胳膊酸胀不已，腿也有些酸。

▶ 陈章（右一）与团队一起分析定位问题

陈章感受到电话那头，徒弟喜悦的心情。从此，徒弟对自己的业务能力也有了自信，他能独立地处理问题了，现在他都带徒弟了。陈章的徒弟们遍布了各个部门，工作作风、业务能力过硬，大家敢拼、敢干，雷厉风行。

陈章的单位离家20多里路，上班要骑20多分钟电瓶车。每天上班前，陈章费很大的劲儿挤好奶，放在家里给儿子留着喝。到了单位，她全身心地投入科研当中，什么都忘记了，从开始乳房胀得难受，到后来渐渐地没有感觉，时间一长，奶水就没有了。在儿子七个月的时候，就没有奶水吃了，陈章一直觉得欠儿子很多，很愧疚。

三

冥冥之中，早在汶川大地震时，就坚定了陈章选择无线电通信的志向。

2008年5月12日，一辆装备严整的武警车正在四川省广元市境内进行试验，突然信号中断，得知汶川发生强震，便连夜改变行程向位于震中的北川羌族自治县和汶川县进发。在灾区所有日常通信手段失效的情况下，第一时间将现场的实时情况传送出去，这就是我们在电视里看到的灾后第一幅图像。到陈章入职才知道，这是她所在单位的通信设备传回去的，陈章引以为豪。

那时，陈章还在读大三，那天中午她刚好在一楼商店里面，剧烈的地震来了，脚底下一阵一阵的波荡过去，楼在晃，窗户在剧烈震动，一切都改变了。陈章给爸爸打了一个电话，只说了一句：

"爸爸我们这儿刚刚地震了！"从此信号就没了。陈章的爸爸刚听到女儿说完地震了，再打电话就打不通了。陈章的爸爸妈妈才知道是四川地震了。他们俩抱着各自的手机每隔10分钟打一次，那种感觉可是撕心裂肺的痛。他们在床边坐了一晚上，吃不下，睡不好，心里焦虑极了。村里有3个小孩在成都上学，两个女生和一个男生，父母发疯似的跑到他们家里，去问电话情况。第二天，一个男同学打过来报平安，他们才安心。那头，陈章也因为一直打不出电话，害怕父母担忧，整晚拼命地打电话。信号的中断给人造成心理的煎熬，深深地印在陈章的心里，所以陈章决定研究无线电通信。在任何恶劣的条件下，无线电波都能够及时传出，是她追求的目标。

在成都电子科技大学附近，有一条建设路，路东头有建设街，街上有许多小吃，陈章在其中一栋楼上住过，她在成都7年搬了6次宿舍。其中一个宿舍大老鼠满宿舍爬，刚进去第一天，她正在睡觉，听到耳边有声音，侧身一睁眼，有一只大老鼠也看着她。后来，学生住进来的多了，老鼠就少了。地震的时候，宿舍不敢住，她就和同学们挤在学校主楼的过道里面一个卫生间旁边的位置，度过了一星期的时间。艰苦的求学阶段，锻炼了她。

陈章坚定不移地选择了国防事业，她对自己从事的工作始终有自豪感，觉得这就是自己的使命。地震以后，她就对父母更多了一层依赖，不想让他们担心害怕。作为一个江苏人，她想留在江苏省内做事，有父母在身边，就有无与伦比的快乐。在研究生毕业的时候，南京熊猫汉达科技有限公司第一个录取的她，她抛弃外企的高工资、高待遇的诱惑，转向了国企。她觉得自己天生有一种责任感，冥冥之中来到了这里，进入了报效祖国的军工行业。

入职后，陈章被安排到清溪路 4 号南京熊猫汉达科技有限公司的职工小区居住，小区有医院有食堂，院子里有 10 多棵高耸入云的水杉，水杉的挺拔是其他树种无可比拟的，它有着细碎的叶子，树干一直蹿到 7 层楼高，树顶尖尖的，就像一座塔，高大笔直，似乎在天空探究奥秘。这个小区虽然破旧，但留存着陈章的青春岁月，回忆起来，她满是感激。在集体宿舍里，陈章度过了六七年的时光。单身宿舍条件虽然简陋，可是里面住着来自各个行业的青年人，她们业余时间互相交朋友，讨论问题。想改善生活的时候，陈章就和朋友们去逛街。

刚入职，陈章来到了装接班实习了半年的时间。在校时，她更偏重理论研究和软件开发，接触硬件很少，那段经历让她知道了一个个"高大上"的设备是怎么来的。2013 年她正式进入卫通所工作，因为新人没法迅速进入核心业务，空余时间其实很多，有人觉得这段时间很清闲很愉快，她却觉得是难得的一段学习时光，毕竟她从事的工作与研究生所学并非完全对口，有太多不懂的知识需要恶补。于是在那段别人看来很清闲的时光，陈章每天自学到晚上 10 点才回宿舍。当时她面对一门陌生的学科也不知道怎么学，于是她用了最笨的办法，看别人的代码学习。因为不懂硬件开发语言，于是她一边看书学习全新的语言，一边理解用语言编写的一行行代码，将代码所呈现出来的时序逻辑一张张手绘出来，再对照通信书籍理解其中的原理，然后再用自己擅长的仿真软件仿真还原，最后自己用硬件开发语言再把它重新实现出来。看似烦琐磨人，却让她以最快的速度掌握了通信原理和一门新的编程语言。这样做，对陈章来说，没有对应的项目要求，完全是出于自我成长的需要，这些努力，无形之中为她后续的科研道路打下了坚实的基础。正是基于这段时间的刻苦学习，她学会了 3 门开发语言，掌握了通信原理，练就了算法设计能力和工程开发能力，在后来的定岗述职汇报中取得了第一名的好成绩。

从 2014 年开始，她正式进入项目。陈章作为单位年轻人中的佼佼者，一下子就进入科研攻关的核心领域，陈章不负众望，用自己的行动写出很好的答卷。作为军工企业，他们的使命是"服务国家、奉献国防"，愿景就是要"成为国家防务装备的可靠力量"。企业为了满足交付要求，加班加点是常态，持续践行着"始于军方需求，终于军方满意"的核心价值观，有很强的使命感和责任心。军工事业的精神支柱就是军队文化，对自我要求很高，很自律，要想方设法去做，因为很多事情不可能手把手去教，所以自己要有主动性，要有奉献精神，一个人干事的精神很重要。南京中电熊猫信息产业集团有限公司的党委副书记在一次培训会上说过，一个人在一项工作中坚持 10 年的时候，可能没有明显的成绩，但是坚持 20 年后，一定会有成绩，会超越同龄人的。

古代军队通过旗语、烽火、战鼓进行通信，传递简单信息。19 世纪末，电报、电话的出现，使军事通信实现了长距离、快速传输。20 世纪后期，国防通信逐渐实现了数字化、网络化，信息传输更加安全、高效。中国清末出现无线电。1928 年，在周恩来同志的指导下，成立无线电组织，他亲自编了"豪密"。中国军队有了无线电，才能成为一支能打胜仗的队伍。可以说没有无线电事业，就没有今天的新中国。1931 年 10 月，中国共产党在江西兴国县官田村创办"中央兵工厂"，中国革命从此走上武装夺取政权的道路。而熊猫汉达的前身，是诞生于 1936 年 12 月 15 日的中央无线电器材有限公司，辗转江西、贵州、重庆后，迁回南京。

军用无线电通信系统在战场上发挥着重要作用，能够实现隐蔽抗干扰的通信效果。1949 年，南京刚刚解放，国营南京无线电厂开始研制并生产 20 瓦短波发报机和 7 灯收信机。1950 年，抗美援朝时期，国家组织国营第 714 厂等全国 12 个企业 4000 多名职工，不分昼夜地研制抗美援朝急需的军用通信装备和电子管、电子元器件等基础产品，他们是朝鲜上甘岭无线电的制造者。这里诞生了第一台熊猫牌收音机。陈章暗暗下决心，来到这个有着优良革命传统的单位，干就要干出个名堂来。

四

南京夫子庙是中国第一个高等学府诞生地。江苏家长个个重视学习，全国有名，也许与此有关。

江苏姜堰区，属于长江和里下河平原地区的交界处，烟墨河穿过娄庄。1987 年，陈章出生在河南岸一户陈姓人家，陈家是一个大家族，陈章爸爸是家族中最小的儿子，因为爸爸姓陈，妈妈姓章，夫妻俩给这个可爱的女娃取名陈章。

陈章家前面有一棵老柳树，树底下是祖父祖母的墓地。周围种着又粗又壮的大蒜，传递着土地的肥沃；细小的香葱传递着江南水乡的柔美；胖胖的蚕豆，指头肚粗，调皮地趴在棵子上，等着陈章妈妈来摘取，鲜美的蚕豆是陈章最爱吃的。四月里的油菜，北方还在赏花之际，这里已是沉甸甸的豆荚，挤挤挨挨、密密实实立在田间地头，像极了积极肯干、务实可靠的陈章。

附近有烟墨公园，水清亮亮地流过，桥边有竹，竹叶翠绿。海桐花像米粒，像茶花，也像玫瑰，散发着淡淡的优雅。沿着烟墨河北边走过去，就是陈章上小学和初中的学校，小时候的陈章背着书包，每天跨越烟墨河去上学。

陈章的爸爸常年在深圳、北京、山东等地打工，走南闯北做建筑活。而陈章妈妈留在家里照顾陈章，她是一个吃苦耐劳、闲不住的人，她选择一天做两份工，白天到地里干农活，晚上到工厂上夜班。陈章很小就学会了自己做饭，自己去上学，自己洗衣服，养成了自己的事情自己做的好习惯，成了别人眼中懂事的好孩子。上幼儿园的时候，家乡发了洪水，房子里进水了，洪水没过了陈章的小腿，看不见路在哪里。陈章想起了妈妈的话，只有自己可以救自己，自己成全自己，靠谁也不如靠自己！于是小小年纪的陈章竟然蹚着激流，踩着烂泥，自己勇敢地走到了学校。

六七岁的时候，陈章端着一个小木盆去家前面的一条小河边洗衣服，刚走下石头台阶，蹲在河边洗衣服，忽然，来了一位邻居阿姨，端着一个大盆，也来洗衣服。陈章侧身给阿姨让地方，一不小心滑到了水里。她恍惚了一下，看到水底下有水草，有一群小鱼在游，还有美妙的石头和很多的好玩的东西。她感到呼吸困难，于是奋力挣扎，浮出水面，努力地爬上了岸。一旁的阿姨吓得黄了脸，忙过来安抚她。她却像没事人一样淡定地洗衣服，直到洗完，才端着木盆回去。小小年纪的陈章表现出的沉稳，惊呆了一旁的阿姨。

陈章的小学校园里，一间教室的山墙上，有一位将军的题词：从小学英雄，长大当英雄。立志为祖国，祖国更繁荣。陈章幼小的心里埋下了英雄的种子。她绝对不允许自己落后，学习非常刻苦，学习成绩基本上都是第一名。陈章常去堂妹家吃饭，主动教堂妹学习，帮着她完成作业。做完这些后，陈章跟着电视里学画画、学外语、看动漫，从小就有探索精神。陈章很要强，有一次考了90分，同桌考了91分，她难过伤心，整整哭了一天。在外打工的陈章爸爸也很关心陈章的学习，问班主任王宝来老师，老师说："陈章是我心中最好的学生，我就是带80个陈章也不嫌累。"意思是陈章学习好、省心。

到了初中，陈章更爱提问了。有一次陈章自信地对数学老师常春霞说："常老师，我可能不是班里长得最漂亮的，但是，我通过努力学习，会成为班里最好看的女生！"常老师吃惊得合不拢嘴，她想不到小小年纪的陈章，竟然说出这么励志这么有哲理的话。陈章考高中这一年，整个娄庄中学只有4个学生考入了姜堰中学。

陈章考上姜堰中学，爸爸很高兴，就想在家里盖高楼。陈章知道后，很认真地和爸爸说："爸爸，房子就盖一层吧，不要盖高楼，我快考大学了，留下钱供我上大学吧！"他爸爸一愣，意识到女儿真是有主见，若盖两层，真的剩不下钱，经陈章这么提醒，他就只盖了一层，多余的钱留下来供陈章上大学。

在泰州古田立交桥附近，有一棵枝条婆娑的千年银杏。银杏树旁边就是江苏省姜堰中学。姜堰中学最早属于乡贤办校，校园内田径场北边，有一座人物半身塑像，这就是学校的创建者蔡荣汉先生。

在篮球场的东北方向，有一个特别引人注目的校史馆，叫五四堂，前面有一棵古老的五针松树，是学生当年赠送的。五四堂作为姜堰中学的标志，显得尤为重要，每年新生到校，第一个活动就是参观校史馆，里面凝结着红色基因。姜堰中学有一个著名的人物是出生于山东莘县的陈凯老师，抗美援朝回来后，转业到姜堰中学当教师，教政治和语文，是20世纪80年代江苏省第一位政治特级教师，也是姜堰中学第一位特级教师，85岁还回校讲课，将学校给的讲课补贴全部捐献给学校，并且倡导"为学生终身发展奠基"的办学理念，让学生有"今天你以学校为荣，明天学校以你为荣"的决心。姜堰中学把五四堂作为德育教育的阵地，从小在学生心中种下家国情怀的种子，引导学生自信。

陈章妈妈特别高兴，高三那年，她做了一个农村妇女不敢做的决定——陪读。到县城学校附近租房住，照顾女儿的生活，让她一心一意学习。于是妈妈就从娄庄来到姜堰区，在学校的对面租了一间平房，一边陪女儿读书，一边找活干。每天天不亮，陈章就起床，沿着小路，来到学校刻苦攻读。妈妈每天在外面饭店里做饭，上午两个小时，下午两个小时，中间的时间回到出租屋给陈章做饭，再送到学校。有一次，妈妈有事，晚上还没回来，也没有做饭。陈章只好去学校，上课铃声响了，陈章饿着肚子要进教室，忽然看到妈妈满头大汗地跑过来，递给了她一碗泡面，陈章体会妈妈的辛苦，含着泪吃下了这碗面。

语文老师于春年，是一位瘦瘦的中年男性，他教育陈章，无论你搞科研还是做其他事情，都会碰到很多冤屈、困难，要保持乐观。他看到陈章吃苦耐劳，各科成绩都很好，和同学们关系很好，是一心学习、心无旁骛的人。谁知高考的时候，陈章的语文考坏了，哭得稀里哗啦。

幸运的是，陈章被国家"双一流"高校，既是"985 工程"又是"211 工程"的电子科技大学录取。

五

陈章跨进电子科技大学的门槛，遇上了自己一生中值得尊敬和爱戴的导师彭真明。

那时，陈章和爸爸第一次出远门，从江苏坐了三天三夜的火车，来到成都电子科技大学国腾学院，现在改为电子科技大学成都学院，入学电子科技大学，成为电子科学与技术专业（光电工程与光通信专业）的学生。

陈章因为晕车，吃不下饭，吐了三天三夜，入学时轻了三四斤。她以为这就是她的大学校园，其实那只是电子科技大学与成都国腾实业集团合办的一所民办学院，因为本部地方紧张，大一新生临时在此过渡。一进大门走几步，一个高高的台阶，两边是房子。那里围着早来的很多学生，陈章就在那里报到。这里宾馆太少，天也黑了，因为订不到宾馆，爸爸就在旁边的乒乓球桌子上睡了一晚。这个校区离成都市里比较远，陈章和同学们度过了快乐的大一时光，他们有时晚上约着爬过校园的墙洞出去吃串串，有时到镇上集市看热闹。第二年，陈章搬到了建设路沙河校区，这里路两旁高大的银杏树记载着大学不寻常的历史。陈章才知道，原来电子科技大学有好几处校园，沙河校区是最古老的，建于 1956 年 9 月，在周恩来总理亲自部署下，由交通大学、南京工学院、华南工学院的电讯工程有关专业合并创建而成的新中国第一所无线电大学，1961 年，被确定为 7 所国防工业院校之一。电子科技大学有着悠久的革命历史，学校第一任校长吴立人，是抗战将领、革命家，他能文能武，是周总理的部下。后来，包括江泽民在内的很多国家领导人来视察过这所学校。

电子科技大学有一个优良的传统是学校的实验室向学生们开放，鼓励大一、大二的学生动手做实验，去探索、去创新、去创造自己的品牌，这种探索精神非常可贵。在大学期间，陈章在同学们中是出了名的爱看动漫，考试成绩却很好。有一次考试，陈章觉得考得不好，难过流泪。两位男生赶忙去安慰她，结果分数出来了，陈章考了 70 多分，他们两人才考了 30 多分，全班一大半都挂科，好不尴尬。陈章大三的时候，跟着老师去做光学方面的 URTP 项目（Undergraduate Research and Training Program，本科生研究训练计划），虽然课题完成了，但陈章发现自己对光学的兴趣不高，恰巧这段时间陈章偶然认识了彭真明教授，也接触了图像处理。在大四的时候，陈章发现自己可以保送研究生，于是就选择了彭真明教授，成为彭真明的学生，进入他的教研室（现名为成像探测与智能感知实验室），攻读信号与信息处理专业硕士。陈章选择的图像处理方向，却因课题需要选择了难度很大的 FWI（Full Waveform Inversion，全波形反演）。陈章喜欢美感，对画面感比较强的东西感兴趣，大四进了教研室，从零开始学语言学算法，两年就做出了图像检测和图像分类识别两款软件，很有成就感。她也开始做 PPT，凭感觉做得非常好，研究生时，彭教授把陈章做的 PPT 当范文演示给学生看。彭教授很爱护这个爱问好学的学生，他发现陈章有胃病，就提醒她，注意身体，不要熬夜。

彭真明是陈章心目中最完美的教授，是学校里出了名的严师，他不利用自己的特长开办校外企业，一心一意教学，手把手教他的学生，追踪他们的研究成果，并且能总结出每个学生的特长，写进文章里，身体力行诠释着什么是真正的教授。如果有的学生不按照他的要求来做，他就拒绝"认领"学生，他认为学生的首要任务是学习，大好时光先用来学习，而不是在最该学习的时候到社会上兼职挣钱。在彭教授心中，一个军工学校出来的学生，第一选择是国防事业，报效祖国，这应该成为每个青年学子的首选。

陈章负责反演算法，她做事很有章法，如她的名字。FWI 算法不仅需要扎实的数理基础，还需要地震波传播的专业知识，对于学光电的工科女生来说，具有挑战性。经过一年的攻关，取得的成果远超出了老师的想象。在研究过程中，她拿着厚厚的外文文献与老师讨论，包括不熟悉的专业名词，数学公式中每个量的物理意义，以及算法代码编写中的种种疑惑。她还多次给未谋面的中石油研究院石玉梅老师写邮件联系，并得到石老师的耐心指导和无私帮助，使得研究中的一些初期困惑得到圆满解决。

彭真明教授已是电子科技大学信息与通信工程学院的博士生导师，他对陈章的评价是"谁说女子不如男"。

2012 年陈章研究生毕业，她的专业课成绩排名年级第一，用人单位来挑选，她收到了很多 offer，在众多 offer 中，陈章第一个被南京熊猫汉达科技有限公司录取，选择进入国防通信领域算是机缘巧合。

六

时间来到2023年的仲夏，南京，陈章收拾了一下办公桌，准备和领导同事们打个招呼，她明天要去北京参加2022年度"最美科技工作者"颁奖典礼，内心十分喜悦。

现在的陈章还是一头齐肩短发，典型的江南女子，操着吴侬软语，身段匀称苗条，额头饱满，脸如满月，聪慧的眼睛里闪着倔强的光。棕色格子衬衣，小小的衣领，镶嵌着白色的花边，紧紧地系着纽扣，显得十分严谨。下身穿一条黑色七分裤，露出洁白的脚踝。一条细细的黑色腰带系在外面，看起来非常利落。一双乳白色的平底鞋，脚踏实地，走路生风。

陈章忽然闻到空气中，有一股若有若无的玫瑰花香味飘过来。她抬起头，看过去，发现古树绿意葱茏，乳白色米粒般的花骨朵像繁星一样点缀在古树的枝头，满院子清香四溢。陈章隔着黑色的栅栏朝外面看去，公路中间像玫瑰一样的月季花、蔷薇花隆重地盛开。和桂花树、楸树、枫树一样，成为六朝古都南京的公路特有的一道风景。花香浓郁了街道，陈章忽然觉得自己对植物观察得太少了，十多年来，每天急匆匆来，暗夜里回家，几乎很少和这些绿色的使者对视。即使对视，也熟视无睹，因为她内心充盈着对电子通信技术一个又一个难题的攻关，她脑海里只有两个字：攻克，天天处在"升级打怪"的探索过程中。

陈章虽然分不出这种香味来自哪里，但是，陈章内心是喜悦的，工作十多年了，面对新课题，她敢想、敢干、敢于尝试，在项目攻关的关键时刻，她警告自己，不管遇到多大的困难，都要撑得住，要将自己的生命融入国家国防建设中，要有科学家精神，胸怀祖国。

现任的党委书记对陈章很熟悉，他认为陈章给现代年轻人的择业观、择偶观都树立了榜样。从入职以来，时刻关注着她的进步。刘书记说，"服务国家、奉献国防"的企业文化已经深入员工的心底，强烈的爱国情怀，令陈章始终保持着军工精神，自力更生、艰苦奋斗，军工报国、甘于奉献，为国争光、勇攀高峰。他要搞好梯队建设，会往陈章肩上压更重的担子。是的，军工魂令她克服了来自生活中、工作中一个又一个难题，她和玫瑰花一样艳丽地开放，独立思考，芬芳世界。

陈章刚来单位的时候，指定的师傅特别看好陈章，他觉得陈章突出的优点就是不服输，陈章是电子科技大学毕业的，能吃苦、好学、会学。在当年同一批入职职工中，陈章的学习成绩是最好的，可以说技术第一。那时候，来到他的科室以后，师傅带着她干，3年后陈章的理论水平已经超出了师傅，师傅又惊喜又担忧，师傅领进门，只能到这里，于是师傅想放飞她，给她指出三个方向的研究课题，并且又给她安排了新的任务，让她考察市场，考察技术，带动员工向前走。

部门党支部书记是位女领导，她说，陈章在大学二年级就入党了，身上有一股不服输的劲头，有韧性。陈章为了更好地完成任务，付出了比别人更多的努力。陈章的师傅也说，特别是疫情防控期间，封闭了三四个月，陈章却天天加班。

那一天，陈章走过东边砖红色的三层大楼，大楼前面是一个广场，三根旗杆耸立，中间红色的国旗高高飘扬。北部的实验室、正中的红色大楼及南边高层的办公大楼，自然形成一个半圆形的环抱式广场。广场有两排高大挺拔的银杏树，像威武的战士列队在广场南侧，守卫着这里的安全。

北面的实验室，是一排宽大的平房。陈章参与的那个大项目就是在这里实验完成的，她感激参与的同人和这里的每套设备。

陈章知道，在现代化国防建设中，信息传输的及时性、可靠性、灵活性，对最终的决策起关键的作用，或者影响一个任务更好地执行。而她和团队所要做的就是打造最可靠、最及时、最便捷的通信大道，不能让通信成为重要任务的短板，而是要让通信助力任务更好地执行。

她从东门走进实验室，一台台先进的设备，严阵以待，时刻准备着检验这些科技工作者的成果，看到那些陪伴自己和团队进行了无数次实验的设备，陈章想起了在这里日日夜夜做的实验与无数次悲喜交加的失败和成功。

▶陈章：我所研制的系统就是为给国防建设的重要任务提供最可靠、最便捷、最灵活的通信大道

▶围着实验室布满各类设备的机架构思、设计、分析，就是陈章工作的日常

七

抚摸着这些先进的新设备，陈章想到了 2014 年刚刚参与某通信系统论证的日子。这是个全新的通信系统，要从零开始去论证、去实现，对于刚入职才两年的陈章来说，是个巨大的挑战，这令她既兴奋又不安，怎么来完成这个项目？从哪里入手？正在她愁眉苦脸之际，陈章的领导给她们推荐了项目指导李教授，一位大学教授，他在通信行业是大师级的存在。当时公司在李教授的学校附近租了半层办公楼，给李教授设置了一间小小的实验室，陈章就是在这里见到了李教授，她对这位业界大佬肃然起敬。李教授已经 70 多岁了，看起来瘦瘦的，大眼睛、大嘴巴，穿着很朴素，说起话来很谦虚，是丁克家庭，很重感情，身边的小乌龟死去了，他都难过得几天缓不过劲儿来。单位领导请他帮忙带着陈章这些新人搞研究。有两个月的时间，李教授几乎每天都到实验室去。陈章开始请教他问题，她是这个六七个人的团队当中，最能提问的人。李教授表面上

十分严肃，内心里很欢喜，他根本想不到，在这方面，陈章是个没有基础的人。陈章接受新任务后，也不怯场，没有基础，就自学打基础。

陈章觉得自己必须把全部的精力用在项目上，对于不明白的问题，她每次都会认真地提问，绝不糊弄。后来李教授从陈章身上得出结论：只要热爱，什么难题也能攻克。对于陈章每一个问题，他都认真诚实地解答，不管你问得深还是浅，用陈章听得懂的话去解答，不讲理论，让她去悟，真的悟到了，他再去讲解，就容易理解了，毫不保留。李教授实践上经验多，在技术上给了陈章极大的支持，陈章认为没有他的指点，就不可能有自己今天的成就，他和陈章处成了亦师亦友、感情很深的师生关系。陈章感到李教授内心是那么纯净，除了技术他什么都不感兴趣，拒绝一切无效的社交。陈章从他身上，看到了一个科学家应该具备的精神，甘于寂寞，敢于拼搏，有责任感。李教授成为陈章人生路上又一个重要的领路人，陈章特别佩服他。

榜样的力量是无穷的，陈章从此有了一个好习惯，遇到难题，除了自己看书钻研，就是迈开两腿出去调研，向兄弟单位学习，然后打开自己的思路。

八

从实验室出来，陈章转回身，来到办公楼五楼的一间会议室里，电子大屏幕播放着陈章正在调度的一个新课题，这个课题是综合性质的，她邀请了外面的专家参与，到北京领奖前，她要统筹一下这个项目。她已经领着一个新的团队开始了另一个全新的领域。挑战一次比一次大，难度一次比一次高，仿佛永远在冲锋陷阵，片刻不得喘息。她完全不知道从何入手，无奈和迷茫远超从前，这一次没有任何经验可以借鉴，身边没有任何同事可以帮到自己，甚至团队也无法驾驭这样一个课题，这样的无助曾经一度让她崩溃到痛哭，"国防使命，精忠报国"，让她咬着牙坚持。

会议室内，长条形的桌子两侧，清一色的年轻人。大家见陈章进来，眼光齐刷刷地射向她，陈章对面一个男生，年龄比陈章大两岁，有点严肃，像个项目引导者，不停地提问。屏幕上的字很小，流程、模板、格式等字眼不时地跳出来，还有密密麻麻的字符。投到屏幕上的文字是陈章早就做好的模板，她几乎三天两头地召开这样的攻关会。

同事屈永认真地说明自己的打算，他很了解陈章，给陈章的定义就是工作狂。平常的时候以小兄弟相称，但是干起工作来板着脸，一是一，二是二，毫不含糊。他读了研以后来到这里，虽然比陈章大两岁，却比陈章晚两年进厂。来的时候觉得陈章是小妹，但是工作以后呢，觉得她是师姐，因为她的思想和行动已经超越了他们。屈永觉得一件事情别人只是心里有规划，但是陈章已经落实到 PPT 或者策划书中了，哪些事情干完了，哪些事情没干，一目了然。并且陈章敢于创新，敢于从零开始，毫不畏惧。

屏幕上，项目像树枝一样伸展，一个大标题，下面有几个小标题，小标题下面再有几个小标题。她想让年轻人好好研究一下。一目了然地指出自己要干什么？干到什么程度？要花多少钱？发散思维。大家都出谋划策，因为每说一件事，就意味着你要去兑现。

▶陈章与团队一起讨论方案

　　张松是个大个子的青年，毕业于杭州电子科技大学，比陈章晚两年入职，理所当然地叫陈章师姐。他认为师姐虽然个子小，但是给人的感觉太厉害了！成绩非常好，很全面，什么都会，又能吃苦。吃过饭以后，他们常常一边散步一边聊天，聊天的内容也是项目这些事儿，陈章对他们非常好，项目试验期，陈章在实验室走来走去，早已忘记了电波对胎儿有辐射。

　　张军是位女性，既是陈章的同事也是陈章的闺蜜，山东曲阜人。她和陈章在清溪路4号一个宿舍住了4年。张军觉得陈章的目标非常明确，设立目标以后就去奋斗，这在同龄人中，非常少见。陈章从来没把自己当女性看，不是半边天，是一个半还多，比男同志还能拼，怀孕了还照常出差。

　　陈章的另一位同事也认为陈章非常能干，业务能力非常棒，很善于主动地去开发产品，很值得年轻人学习和信赖。他认为陈章是理科女生，除了吃饭上班基本上没有娱乐的时间，得了很多奖，大项目也做了，是位非常优秀的女性。有个小伙子叫王兴波，1993年生人，两年前才入职，他觉得从师姐陈章身上学到了很多东西，师姐特别能拼。当年，他看到陈章挺着大肚子，在一个噪声很大的机器旁观察，毫不畏惧的样子，非常了不起。

陈章这个团队往往利用晚上的时间测试，忙到凌晨四五点是经常的事。陈章认为，每取得一点成绩，都是同事们共同努力的结果，同事们都值得尊重，没有他们，就没有她的今天。比如，2018年1月3日，一场暴雪袭击南京，路面冰滑，南京的公交车都停了，很多单位都调休或放假。而陈章却不能休息，他们项目组在南京室内调试联试到下班，后趁着极端天气，乘高铁半夜12点赶到武汉。第二天一早，顶着恶劣的天气，100多里路坐大巴坐了五六个小时，来到试验地，在室内进行初次调试，调试到12点多，第二天一大早又调试了一上午。下午，陈章、屈永他们几个同事一块爬到楼顶，进行户外测试。到楼顶一看，白天融化的冰水全又结了冰，楼顶就像滑冰场，于是他们到了楼顶第一件事就是拿砖块砸冰块。寒冷得透骨，好不容易清理好了现场，搭建好联试环境，天已经黑了，并且天气预报说，第二天还有大雪，任务紧张，测试要充分，他们不想为吃饭耽误时间，坚持测试完，一次失败，两次失败，无数次失败。他们没有带更多抵御寒冷的衣服，冻得站不住也坐不住，来回搓着手。电脑在极度寒冷中，开不了机。陈章脱下自己的棉衣来，给电脑盖上，电脑终于启动了，陈章自己却冻得瑟瑟发抖。屈永冻得也站不住，还是脱下衣服给陈章穿，陈章拒绝了。旁边有个储物间，他们跑到里面轮流取暖，屈永看到里面有两顶草帽，立刻拿出来给陈章戴在头上，虽然草帽是乘凉的，但这个时候要抵御寒冷。他们就要在这极端的天气下检测一下自己的这个成果如何。还是查不出接收不到信号的原因，陈章考虑到，有可能是地面站有问题，立即叫人排查，果然是地面站的事，地面站修复后，这里就接收到信号了，实验成功，他们喜极而泣。

九

从零开始，是国防通信人的日常。国防科研比普通科研更难，学科交叉融合性极强，需要掌握大量领域外知识。陈章是个爱思考，爱学习，爱钻研新鲜事物的人。她暗暗地向世界上著名的企业家看齐。在她的书房里，除了科技书籍和军事理论书籍，还有育儿书籍和饮食书籍，最多的就是各种管理的书籍，非常厚的数学大辞典，PPT 制作等技术书籍。她每天坚持写感恩日志，有一篇日志里，记录了她感恩老公每天送她的事，感恩同事帮助的事，感恩让她的心胸不断开阔，烦心的事情，与科技无关的事情，要放下！真的放下。

陈章的一个偶像是中国小米公司的创始人雷军，雷军小时候就特别喜欢拆装收音机、电视机，所以从小就培养起对无线电的兴趣。他后来考入了武汉大学计算机系，在校期间，迷上了计算机，学校设备不足，他就到武汉电子一条街做兼职，只为能使用样机和展示机。1991 年他分配到北京航天部某研究所工作，与中关村合作设计一款 WPS 软件。后来他加入金山公司，成为第 6 号员工。再后来创立小米公司。

陈章另一个崇拜对象是日本的稻盛和夫，他是著名的实业家，他创办的两家企业都进入了世界 500 强。稻盛和夫正是因为读了明朝袁了凡的《了凡四训》以后，改变了自己的经营模式。《了凡四训》最重要的是给人以信心，信心的建立是我们取得一切胜利的基础。一个人只有傲气，就会没有朋友。稻盛和夫说，要让外面的花开，自己内心的花不要全开。他认为，热爱是点燃工作激情的伙伴，无论什么工作，只要全力以赴去做，就能产生很大的成就感和自信心，而且会产生向下一个目标挑战的积极性。他认为，财富并不归他自己所有，而是社会委托他保管的，为社会为世人尽力是他的人生观。他在电信方面做出的成绩，应该是陈章所追求的，她以这些人为榜样给自己立下目标，向无线电进军。

后来，陈章走到哪儿，就把《了凡生意经》带到哪儿。这个"生意经"并不是单纯地做买卖，而是生生不息，把人放在心上之意，彻底改变了做买卖的这种交易式的交往，做企业可以这样去做。

春种一粒粟，秋收万颗子；一分耕耘一分收获。几年下来，陈章获得过多项国家发明专利，先后获得国家移动卫星通信工程技术研究中心"先进个人"、2021 年度中国电子科技人才奖（军工）等荣誉。

陈章作为核心成员参与了某个全自主研制的卫星传输系统的研发，主持攻克了系统传输体制设计、系统级建模预测分析、复杂环境自适应接收多项技术难题，实现了多项关键技术突破，原创了多款产品设备。凭着这些优异的成绩，陈章脱颖而出，被评为 2022 年度"最美科技工作者"，在十位获奖者中，35 岁的陈章是最年轻的获奖者。

抱定为国服务的目标，电波玫瑰陈章没有停下前进的步伐。她成为南京熊猫汉达科技有限公司宽带通信技术研究所项目总师。她最近又申请了复旦大学的工程博士，为自己创造了更新的起点，她要奋斗，不停地奋斗。

强国必须强军，军强才能国安。陈章一边想，一边挺胸抬头，脚步格外有力。她走到大门口，回望着广场上高高飘扬的国旗，看看天上的太阳，才十点钟光景，还不晚，她想，赶快向北京进发！

袁守根

赣橙飘香

李燕燕

　　53 年前的一个夏夜，怀揣着心事浅浅睡去的袁守根，突然听见屋外传入的风雨声。这动静可不小呵，连土墙上的木窗都咯咯作响。他立时清醒。这是南方常见的夏季暴雨，每小时 16 毫米以上的降雨量，很容易冲走脐橙苗脚下那含着人工施加有机肥的土壤，前些日子的忙碌就白费了。更怕的是，这么大的雨，如果来不及迅速排水，明天一早便登上天边的日头，就会让一棵棵娇嫩的树苗如同立在一个个蒸笼里。和往常一样，想到便立刻行动。袁守根翻身起床，看看熟睡中的妻儿，幼小的儿子在梦里甚至甜甜说着呓语。还好，没有打扰到他们。袁守根蹑手蹑脚出门，在屋檐下披上简陋的雨衣，拿起几件农具，直奔 50 米开外的脐橙种植地……

　　53 年后的腊月间，袁守根又出现在某个脐橙园。

　　进入智能手机时代，早已老去的袁守根却不服老，一如过去的数十年，他不断尝试农业科技中的各种可能，年过八旬的他玩转了智能手机尤其是微信。清晨六点半起床，他拿起手机给熟悉的果农们群发了一条微信：早上好！一只花喜鹊站在枝头鸣叫，还扇动着翅膀。这是袁守根特意下载的动图。果农们知道，这是一条不用回复的信息，问好加提醒，袁守根是在用这种方式告诉大家，我已经起床了，可以给我打电话说事儿了。很快，有人打电话来了，邀请他去丰收后的果园看看。

一如既往，有人在群里传递消息："袁老爷子到咱们果园啦！"十里八乡的果农要是手里活儿不急，都赶忙往那个地方凑。大家都想跟袁老爷子说说话呢！

2024年1月中旬的赣南，最高温度甚至二十五六摄氏度，空气里弥漫着独属于南方的潮热气息。这个农家小院，袁守根已经来过几十次，小院的背后就是种满赣南脐橙的山丘。主人家种在院坝里的高山含笑盛开着，洁白的大花让人想起早春季节的玉兰，但高山含笑的清香却是玉兰没有的。喜寒的高山含笑并不好种，但用袁守根的话来说，只要能种好柑橘中的极品——脐橙，那你再种什么，都可以种好。

此刻，袁守根已经跟果农们一起，登上了那个被金黄橙果装饰的山丘。他兴致勃勃地与果农们说着话。他捏着一片绿中泛黄的叶片，提醒大家要小心"黄龙病"卷土重来。据说，这种令人头疼的柑橘病十年一泛滥，2013年那凶险的一波，至今还令人记忆犹新。他拿起一个成熟的脐橙惋惜："你瞧，这果子本来不错，可惜就是靠近叶柄那里有一块冻伤，这一定是去年年底那波寒潮造成的。一定要防护呀，咱们虽然靠天吃饭，但天气顶关键！"他高声地叮嘱大家要警惕1月下旬即将到来的大雪降温。就在刚才，他留意到"江西微农"公众号推送了一条天气预报。

"2024年首场强寒潮来袭，雨雪冰冻将集体上线……预计，19

日、21 日先后有两股冷空气影响我省，将带来明显的降温、雨雪、大风、冰冻等天气……22 日凌晨至 23 日自北向南大部分地区将转雪，部分地区有中到大雪，局部山区有暴雪，积雪深度部分地区 1—3 厘米，局部可超过 5 厘米。"

"袁老，是不是真的呀，眼看这温度都有入夏的感觉了。"有人笑着说。

"老天爷的事，说变就变，千万要上心！它跟你开个玩笑，你要真当是个玩笑，那你就亏大了。"袁守根说。

村组、果园、山头、农庄……无论在哪里，袁守根说的话，果农们都听得懂；果农们说的话，袁守根也听得很明白。

"今年的果子长得好，香呀。"袁守根捧起枝头上结出的两个"并蒂果"，鼻子凑上去，仔细嗅闻着赣南脐橙特有的浓郁芬芳。

▶作家李燕燕对"赣南脐橙第一人"袁守根（右一）进行采访

熟悉他的果农都知道，袁守根每到一个果园，都会闻闻果子的香气，并且沉醉其间，满头银发的八旬老人，就像一个被糖果深深吸引的孩童。

53 年间，从 5 亩地里成活的 156 棵母本开始，赣南脐橙从信丰县起源，规模种植逐渐遍及整个赣南老区。袁守根这位接地气的农业科技工作者与勤劳朴实的果农们一起，在红土地上种下了"金果子"，把"橙色传奇"留在了乡村振兴的新图景里。

如今，赣州是全国最大的脐橙主产区，赣南脐橙已发展成为全国三大产业扶贫典范之一，种植面积达 200 万亩，位居世界第一，产量位列世界第三，2023 年品牌价值高达 691.27 亿元。

一

1963 年初秋季节，一辆来自南昌的客车颠簸着进入了赣南。袁守根和他的同学，已经在这辆车上坐了十来个小时。长长的行程，一多半是沙土路。尽管困倦不堪，袁守根还是一直望向车窗外，打量着这个他第一次来、以后要扎下根的地方。

所见皆是红土地，红土地之上是茂密的植被。袁守根知道，赣南这片红土地，不仅仅是眼光所触及的"红"，也不仅仅是厚厚一本《土壤学》从科学角度所阐释的"红"，更是革命老区的"红"。赣南是土地革命战争时期中国共产党创建的革命根据地，是苏区精神的主要发源地，"红都瑞金""于都长征出发地""三年游击战争"……红色往事皆在此。

袁守根的家乡在浙江诸暨，有名的江南鱼米之乡。旧时代的人们看重五行测算，袁守根被测出"五行缺木"，加之他前面的姐姐和后面的妹妹都先后夭折，父母为了给小儿子保平安，所以特意起了"守根"这个名儿。不想，这名字竟与他大半生扎根赣南、培育脐橙暗自相合。正所谓命定之缘。

赣南之景自然不同于江南之景。赣州"承南启北、呼东应西、南抚百越、北望中州"，作为江西第二大城市，赣州面积占江西近1/4，人口占全省1/5。且赣州东有武夷山脉，南有九连山、大庾岭，西有罗霄山脉，可谓山清水秀。可在那时，赣南之景的底色是贫困，来自战争创伤、资源禀赋、交通条件、产业结构等多种因素的复杂叠加。

袁守根在赣南的最终落脚点是信丰县，那里是陈毅、项英于红军长征后留守并打了三年游击战的地方。值得一提的是，当年袁守根班里有49个同学，24人被分配到赣州。这24个人，只有一个是当地人，其余的都与袁守根一样，来自江浙，去信丰的则只有袁守根一个。

在农家子弟的心里，土地无比珍贵，能孕育出各种可能。这是袁守根当年报考江西共大（今天的江西农大）的重要原因。他学的是林学专业，这个专业那时主要涉及"用材林"，关于"果树"的内容很少。

但凡学农的大学生，必定落在最有需求的地方，像一株蒲公英的种子。

信丰县，其名来自"人诚信，物丰饶"。诚实勤劳的客家人祖祖辈辈在这里生活，也使这里充满了浓郁的客家风情。信丰的红土地，传说插上一根筷子就能长成一棵大树。过去，信丰出产的萝卜是上好的贡品。

"这是个好地方，我一定能有所作为。"袁守根给自己打气。

1964年，袁守根从县城步行20多里地，到西牛镇国营林场上班。面对林场里3.7万亩山地，袁守根既新鲜又好奇，干事创业的冲动，从年轻的血脉中喷薄而出。

面对满山单调的杉树，他没有学生意气地纸上谈兵，而是一步一个脚印走遍林场，勘察山形地貌；广泛查阅资料并拜访当地山民，开展广泛的调查研究。瞧，山林之间还泛着薄雾，袁守根和同事已经走进了一个农家院落，看院的大狗见着这几个年轻人，并没有汪汪吠叫，它已经熟悉了他们。它亲热地凑过来，嗅嗅他们的裤腿，然后使劲地摇着尾巴。很快，主人家出来了，热情地拿出几张竹凳，热情地招呼袁守根他们坐下，一聊就是半天，袁守根一边听一边往本子上记。"适地适树，良种良法"的原则，在他心里越发坚定。之后大家一起规划设计、挖山整地，用科学态度和实干精神冲破"北杨南杉"理论的约束，在山里种起了松树。数年间，松林成片，风吹过掀起松涛阵阵。当地"老表"们都知道，林场来了个特别能干的大学生。

初时，袁守根甚至不大听得明白"老表"们的"客家话"，久而久之，他不但能听明白，自己的口音也慢慢入乡随俗。如今有外地客人来了，跟着袁守根在乡下吃饭，他指着桌上的每道菜，都能说道一番。比如，这个是鱼丸，小孩子特别喜欢吃；这个是藠头，我们最喜欢拿来炒肉，特别香；这个是红瓜子，信丰特有的，外壳特别坚硬，但是很有风味，"你瞧我都这把年纪，还是嗑得动这个瓜子"。

在西牛林场，袁守根还意外收获了爱情。他与林场职工顾佩荃喜结连理。

20 世纪 60 年代，袁守根发挥自身的专业特长，前往浙江温州看苗、订苗，调回温州蜜橘和南丰橘、甜柚等苗木 1000 余株，定植在西牛林场。规模虽然不大，却成了信丰县第一家柑橘园。江南水乡的果树在赣南老区还成了气候。从此，信丰有了自己的蜜橘事业。

温州蜜橘的种植，从西牛镇起步，在安西镇拓展。1969 年 12 月 30 日，袁守根作为技术骨干和几位同事一起，调到位于安西镇的国营园艺场。

和往常一样，甚至来不及安顿下来，他就要先转上一圈摸个底。山林里寒风呼啸，袁守根等坐在一辆货车的货仓里。每到一处，袁守根便从车上艰难地爬下来，或是摸摸地上的草叶，或是捧起一把土细细查看。一天下来，脸膛都被风吹成了紫红色，手脚冻得像冰坨。但袁守根为自己的发现格外开心：这里是丘陵地带，土质松软适宜，地上植被茂密，还生着一种特殊的蕨类植物，它们通常出现在土壤好的地方。

"安西特别适合种柑橘！"袁守根兴奋地告诉场领导。

来到安西镇的第一天，工作就开始了，但现实的生活困难还摆在那里。可那个年代的人们，都早已习惯先把工作开展起来，后面再慢慢解决生活问题。安西园艺场暂时没有住房可以提供，袁守根等人便在平台上搭了个通铺，在地上搭床板，床板上搁被褥，虽说有顶棚和一面墙，淋不着雨，可风却能长驱直入。那段日子说与旁人，一般人都会觉得非常辛苦，可袁守根却不以为意，"哪怕是睡四处漏风的大通铺，领导都和我们在一起。再说，农业科技工作者这个身份，注定需要风餐露宿"。

柑橘园地怎么开？应当开成什么样子？袁守根依据理论知识和外出参观学习的思考，再结合自己在西牛林场的实践，在"试验山"作出了道路、梯带、竹节沟、树穴、水池等的设计。他白天一丝不苟地测量记录，晚上借用"老表"的土坯房绘图整理，从1970年2月到5月，3个月的时间，袁守根完成了1万多亩柑橘园的区域框定和道路、排灌设施、场房等的规划设计，绘出了全套图纸。之后，安西、桃江和虎山3个公社调集360余人奋战60多天，1970年12月开发荒岭荒坡600余亩。

虽然，600余亩距离万亩规划相差太远，但要知道，那时没有现在这些先进的农用机械，全靠手工整地，锄头铁锹打主力。手持简陋农具奋战于山坡的人，包括体格健壮的袁守根。他常常对人说，他年轻时做农活，不逊于一个真正的农民。哪怕如今年过八旬，在果园里做指导，身手敏捷，步伐灵活。拿起剪子采果，十分钟不到就装满一整箱。

二

1970年11月底，袁守根去湖南邵阳国营园艺场调柑橘苗。

这是一个规模很大、柑橘品种较多的园艺场。原本袁守根是去调2万株蜜橘苗，可邵阳园艺场的一位技术员却把"华盛顿脐橙"介绍给了他。

果园里，袁守根仔细打量着眼前不算陌生的小乔木，它枝叶间带着少许的刺，叶片散发芳香，枝叶间挂着一些金黄的橙果。袁守根知道，脐橙算得上柑橘类的翘楚。

"看着不错吧？这是从美国引进的品种。无核，品种更优，香气很好。不过，它在咱们这里种了好几年，就是挂果太少，也不知是水土不服还是技术原因。感兴趣的话，就先拿一些回去试试。"那个技术员说。

若干年后，袁守根回忆起来，笑说那个技术员虽然把问题直接抛了出来，但总体感觉像在搞"推销"。或者说，那位技术员在试着推出一种可能性。

这"华盛顿脐橙"享誉世界，赣南与美国佛罗里达州在一个纬度，说不定，洋橙能服下信丰这方水土。袁守根心想。

"能不能种不知道，但可以试一试。"袁守根思索良久，对那个技术员说。

回去的时候，袁守根除了带走 2 万株蜜橘苗，还有 200 株脐橙苗。在那好不容易开垦出的 600 余亩地里，袁守根选了最好的 5 亩地用来试种脐橙。他亲手种下寄托着希望的苗木。

那时，安西园艺场的领导职工齐动手，已经修出了一排土墙平房作为宿舍。在信丰当地的一个展览厅，还原了当年园艺场技术员的简陋住处。泛红的土墙，靠挂着镰刀、锄头、铁铲、木梯等农具，门边甚至还有一件古老的蓑衣。袁守根带着妻儿就住在那样的房子里。那 5 亩地距离袁守根的住处不到 50 米。

自此，"华盛顿脐橙"在赣南落户，信丰县安西镇也成为名副其实的赣南脐橙发源地。

赣南优越的自然条件让袁守根很自信。

赣南地区的红土地是以第四季红壤为主，兼有少量紫色土和山地黄壤，土层深厚，土质偏酸，有机质含量较低，稍加改造就可以建成高标准的脐橙果园。大量的浅丘坡地，也为赣南发展规模化鲜食脐橙基地提供了条件。

再说气候。赣南本属典型的亚热带季风性湿润气候，"雨热同季"的气候条件对脐橙的生长可谓得天独厚。3月至8月，气温较高而雨量充沛，有利于橙果迅速生长。9月至11月，秋季气候干燥，昼夜温差大，有利于脐橙果实糖分积累。因此，相较于一些全年降雨量平均的地区，赣南的橙子更加饱满，口味更为香甜。

话说20世纪90年代中期，美国最大的果业合作社新奇士橘农协会默海穆德一行，到信丰脐橙场考察，为赣南脐橙的长势和口感而赞叹。他惊讶地问袁守根："你们怎么做到的？"袁守根回答："我们有着最合适的土壤和气候。"袁守根告诉客人，"赣南种脐橙都在坡地上，由低到高每棵树都能得到光照，相比之下，技术更发达的美国，脐橙种植多在平地和沙地，不仅每棵树接受光照不易均匀，而且平地更易受冷空气侵袭。从种植规模来看，坡地上一亩有时能种55棵脐橙树，平地却只能种22棵"。

"自然科学工作者喜欢探索，没有的东西，看能不能有，没有成功的事，看能不能变成功。"袁守根常说。

袁守根的"试一试"，是赣南历史上第一次引种外来脐橙。"洋橙华种"，没有现成的资料可以查询，也没有现实的经验可以借鉴。袁守根只能一边自费外出学习脐橙的种植和管理技术，一边在那5亩地里仔细观察并从中总结经验。

试验地里，红色的土壤为了更适于橙树种植而施加了有机肥，因此那 5 亩地呈现出深褐色。袁守根为每株苗编了号，当作孩子来精心照顾，随时随地都盯着它们。中午吃饭，袁守根就捧着个碗蹲在一旁，看见叶子上有个黑点都会担心好久。晚上不敢睡熟，一则担心夜里突然而至的风吹雨打，二则防着外头进来的小偷小摸，正在成长的脐橙苗可比金子都贵重哪！他小心翼翼地育苗、施肥、定植、整枝。每株脐橙树发芽、开花、挂果、落果，几大本工作笔记里，写得密密麻麻。

脐橙深春季节就开始挂果，直至冬季成熟下树，需要大半年时间一点点吸收养分才慢慢长大。因此，要特别注意夏天枝头冒出的嫩绿新芽，它会跟枝叶间青绿色的小果实争夺养分，一定要及时去除这些芽。这是"控制夏梢，提高脐橙着果率"。

树苗与树苗之间的间距，可以套种其他豆科作物，用较小的成本改良土壤，提供蛋白。这是"山地果园套种优良绿肥"。

一系列难题被逐一破解，"洋脐橙"水土不服的问题终于解决。

1973 年，200 株从湖南拿回的脐橙苗最终成活了 156 株，这是赣南脐橙种植最早的母本。1974 年它们成功挂果，收获达到 400 斤。袁守根捧起枝叶间的金黄果实，轻轻抚摸那块标志性的"肚脐眼"，贪婪地嗅闻着果香。

《信丰脐橙志》记载了脐橙的初次亮相：1975 年 11 月，袁守根带着脐橙参加赣南 6 个国营林场的农产品大比武，没想到唯一参评的脐橙果品大放异彩！

1975 年 12 月，赣州地区对外贸易公司副经理游仁煊到安西园艺场检查工作，原本准备去收一批上好的蜜橘，却意外吃到了脐橙，一盘切成块的脐橙端上来，入口甘甜化渣。刚开始，游仁煊还以为吃到了进口的"美国橙子"，得知这是园艺场技术员一手栽培出的，他连连拍手叫绝，并提议"信丰脐橙"参加广交会展销。1976年4月的春季广交会，游仁煊携带从安西园艺场"母亲树"上摘下的20个脐橙，请众客商品尝。偶然的亮相，惊艳众人。

1977年冬天，信丰脐橙再次丰收，156株母本树产果2700公斤。江西省外贸部门要求信丰组织脐橙出口。按照直径7厘米的出口标准，袁守根精心挑选了1100公斤脐橙由广州转运香港。这是信丰脐橙首次出境。信丰脐橙一上市，港民争购，齐称"果型端正，色泽鲜艳，味甜无核，品质超过美国脐橙"，售价高达每公斤36港元，比正宗的美国产脐橙还要贵，引起巨大轰动。

从试种走向成功，好消息一个接着一个传来，袁守根还是像往常一样，在脐橙园里忙忙碌碌。

因为脐橙，他几乎"过家门而不入"。有一年初春，他出差浙江金华选购苗木，领导特意嘱咐回老家看看母亲，可他为赶早回场试种橙苗，哪怕离家再近也终究没有踏进家门。虽然家里几个兄弟都在老家守着父母，虽然老人家也知道小儿子忙得不着家，可母亲还是在电话里边哭边数落。

袁守根曾告诉我，他第一次带妻儿回老家过年，是调至信丰县科委的那个冬天；第二次回去，就是退休后，他为老母亲守灵送葬……

妻子顾佩荃即将分娩的那晚，风雨交加。他原本要陪着已经阵痛发作的她进医院，谁知突然接到通知，说场里有急事，需要他去处理。他料想妻子生产还有一会儿，便抓起斗笠穿上蓑衣径直冲进风雨，临走时大声嘱咐："我去去就回，万一我赶不回来，你就找隔壁家的李嫂！"凌晨2点，袁守根焦急万分地跑回家，二儿子已出生。

其实袁守根并不知道，之前很多个风雨之夜，他轻手轻脚起身外出查看脐橙苗，妻子都知道，只是默不作声一如熟睡。因为她知道，自己的枕边人到底有多拼。

信丰脐橙一炮打响，有关部门顺势提出：在信丰种植4万亩脐橙，组织货源供应香港市场。没想到，倔强的袁守根却不同意这样的规模化种植，因为他觉得这样的"冒进"并不科学。

"冷静地看，咱们的市场容量、技术储备都不成熟，钱可以去借，但脐橙种植技术不可以现学。我们决不能马上拔高。"他对领导说。

1978年，改革开放的春风吹遍祖国大江南北，信丰脐橙的春天彻底到来。看着小溪里潺潺流动的山泉水，袁守根觉得浑身活络，更多的气力从骨头缝里渐次冒了出来。

《信丰脐橙志》记载：

1978年8月25日，组织安西脐橙基地建设大会战，县委书记凌少斌任总指挥。至1980年12月，共组织大会战3次，投入劳力3000余人，开垦梯田1.02万亩。

1978年，县安西园艺场在干旱的情况下，对脐橙进行喷灌和不喷灌对比试验。结果喷灌的产量比不喷灌的增产47.5%。

1979年1月3日，县安西园艺场经国家外贸部和计委批准，扩建为2万亩脐橙生产基地。

1979年2月，信丰县柑橘科学研究所成立，设在县安西园艺场内。

1979 年 5 月至 6 月，县安西园艺场技术员袁守根随国家外贸部柑橘考察组赴西班牙、美国考察。

1979 年 11 月 11 日，县安西园艺场更名国营信丰脐橙场。

1979 年 12 月 1 日，作家郭晨在人民日报社《市场报》上发表《"拳头商品"——脐橙》一文，首次在国家级报刊宣传信丰脐橙。

1979 年 12 月 6 日至 8 日，赣州地区脐橙鉴评会在县脐橙场召开。会议初选出信丰脐橙母本园的优良单株 4 个，并确定从优良单株上采接穗，支援大余、宁都等县脐橙基地建设。

1979 年以前，人们把袁守根引种培育的脐橙叫作"信丰脐橙"。1979 年，信丰开始把优良种株送往赣州各地种植，由此赣南脐橙的名号才被叫开。后来，赣南脐橙又渐渐有了更多的新品种，如纽荷尔、伦晚、林娜、朋娜等。如今，赣南脐橙被列为中国国家地理标志保护产品，名列《中欧地理标志协定》之中。

三

"摘下一片叶子，用仪器测量后就知道种植的土壤里缺什么，然后立刻调整肥料和光照。"

"种植中大量使用机械，美国农业的现代化程度非常惊人！"

一个月的时间，从西班牙的四个省，再到美国的加利福尼亚州、佛罗里达州等脐橙主产区，袁守根一边随队考察学习，一边在每天的日记里记下心得和感悟。他感受着大洋彼岸农业技术和农具的发达，也为对方完全实现了集约化、规模化、精准化种植而惊叹。

1979 年，这一年中美建交，积极促进世界多极化趋势，向世界展示一个开放和日渐走向复兴强盛繁荣的中国。这一年，中国开始了大规模的经济调整，其中包括实施"调整、改革、整顿、提高"的方针，标志着中国经济建设指导思想的根本性转变。袁守根专攻的脐橙事业，已由给国家创收外汇，转变为满足人民群众日益增长的物质需求。这样的转变，充满着活力与动力。

1979 年的夏天，国家外贸部派出一支 8 人小分队远赴欧美学习考察柑橘种植技术。队伍里有我国柑橘学科奠基人之一、华中农学院教授章文才，还有袁守根等来自江西、四川、广西、湖北等地的数名技术骨干。在美国佛罗里达的一个柑橘园，一位来自墨西哥的果园工人正在采摘夏橙。那个现代化的果园抓眼球的东西很多，可他独独盯上了这位工人手里不起眼的剪子。在他看来，这把采果剪跟国内的不一样，造型独特，轻巧又好用。袁守根不会讲外语，便使劲打着手势，请那位墨西哥大哥把这把剪子送给他。那个工人看懂了他要表达的意思，笑了笑，很慷慨地把剪子给了他。他如获至宝地带回国，找农技员试图仿制，但制作剪刀的钢材特殊，短期内无法批量造出。

"这都是差距，我们要去补短板！"这件事让袁守根久久不能释怀。他暗自憋了口气：要大力发展脐橙产业，让乡亲们过上好日子，让国家加快发展。

改革开放的春天里，赣南脐橙短短两年多的时间便接到许多好消息：

1980 年 7 月至 11 月，中国科学院南方山区综合科学考察队对赣南柑橘基地开展考察工作，认为信丰柑橘生产条件得天独厚。在赣南 11 个脐橙品种中，信丰"华盛顿"品质最优。

1980 年，县脐橙场进行枳壳嫩籽播种，获得成功，一年四季都可嫁接柑橘。

1981 年 9 月，袁守根和同事们从华中农学院苗圃挑选纽荷尔、朋娜、福罗斯特、奈佛里娜等 8 个脐橙品种 579 株苗木带回信丰试种。他们建立起赣南首个脐橙品种园。

……

在信丰的赣南脐橙博览馆里，展示着一封重要的书信。那是 1982 年 1 月 22 日，时任中共中央总书记胡耀邦就赣南发展柑橘生产写信给时任江西省委书记的白栋材，强调"以大力支持个体种植为主、集体专业承包发展种植为辅的方针"。信丰县委印发了这封信，全县上下迅速掀起种果热潮。

这一年，信丰脐橙出口 9.44 吨。

给袁守根留下深刻印象的是章文才教授。

章教授是大名鼎鼎的果树学家、园艺教育家、柑橘专家。他与钟俊麟等首次选育成功"鹅蛋柑 20 号"（先锋橙）、"鹅蛋柑 26 号"（锦橙）柑橘良种。擅长柑橘栽培技术，并深入现场指导和推广，编著有《实用柑橘栽培学》及多种科普读物。

袁守根早就听说过章教授，第一次见到他是在 1979 年的那次出国考察中。章教授待人亲切随和，对几位基层技术骨干没有一点架子。相反，大家向他请教，他深入浅出地作答，幽默风趣。在那次外访中，因为随行翻译并不了解农业术语，很多关键词无法翻译，所以早年有留学经历的章教授便临时充当了翻译角色。他那流利的拉丁语和英语，让袁守根钦佩不已。

此后，一辈子与柑橘打交道的章教授，更与脐橙事业蓬勃发展的赣南结下了不解之缘。

在一般人的认知里，脐橙通常都在冬季成熟下树。事实上，还有一类叫作"夏橙"的晚熟品种，第一年春季开花，结出的果实要第二年的深春季节才能成熟，夏橙也因此常常出现"花果并存"的奇特景象。从口味上来说，虽然夏橙偏酸，但产量更大，常常用于榨汁等加工。

选择"用于加工的夏橙"，还是"用于鲜食的新品种"，曾一度成为事关赣南脐橙产业未来发展的大事。

袁守根与同事们一头钻进万亩脐橙园，一次次观察试验、记录数据、筛选比对，用实践得出了自己的结论：赣南虽然地处中亚热带南缘，具有典型的亚热带季风性湿润气候特征，气候温和、四季分明，可每年冬季几乎都有明显的霜冻，夏橙的成长过程中一旦经历霜冻，便会口味变化甚至腐坏，所以，赣南最适合种的还是冬季成熟的鲜食脐橙。但是，那时却有一些专家极力支持当地政府种植夏橙，因为"产量高效益好"。治学严谨且注重实践的章教授支持了袁守根的观点。最终，在章教授的建议和支持下，"鲜食"成为赣南脐橙种植首选。袁守根接着引进了用于鲜食的纽荷尔等 8 个脐橙新品种，赣州规划的 3 个脐橙基地随后成为这些新品种的试验田。

1985 年，在章文才教授的指导下，赣州地区柑橘研究所建立了栽培试验园。引进品种的突出表现，推动了赣南脐橙基地的建设和我国脐橙产业的发展，也让赣南地区果业有了属于自己的当家品种。

好消息再次接踵而来。1987 年全国脐橙新品种评比中，袁守根带去的"朋娜"脐橙一举夺魁；1989 年 12 月，国家农业部举行全国脐橙评审，信丰选送参评的"纽荷尔"获第一名，并被农业部审定为优质农产品，同月，信丰县同益脐橙第一合作社在马路坑村成立。

1990 年 11 月，赣州科技部门组织专家对引进的脐橙项目进行验收和成果鉴定，结果现场测产竟然达到亩产 2964.18 公斤，是当时国内同类研究的最好成绩。章教授高兴地说："这是全国第一个脐橙新品种试种成功的典型。"

1994 年 11 月 11 日，那一天是章文才教授 90 岁的生日。时值赣南脐橙丰收之际，章教授和袁守根等技术骨干在信丰的果园里调研考察。中午，几个简单而富有赣南特色的农家菜上桌，大家一起举杯，给章教授过了一个简朴却极有意义的生日。

"他那天特别高兴。"数十年后，袁守根回忆道，"感谢这些专家，他们推动了赣南脐橙的发展壮大，他们用言传身教告诉我，什么才是真正的农业科学家。"

四

如今每到 11 月，赣南乡村便进入了一年中最繁忙的采橙季节。

一棵五六年的脐橙树，经过累年的打顶修枝，也就一人多高，与别的树木比，看似低矮，丰收季节却是沉甸甸的满树金黄。在先进农业技术的加持下，一株成年果树能产出 80—100 斤脐橙，算下来一亩地的产能 7000—1 万斤。

▶ 袁守根对脐橙树进行管护

临近中午 12 点，20 多个采果人还在地里忙碌。一般情况下，一个采果人一天能采 1000 多斤橙子。地处丘陵或谷地的脐橙园，内里的道路常常很难跑车，大部分情况需要人力：用一根扁担挑起两个竹筐或塑料筐，刚刚下树的脐橙被一筐筐源源不断挑到村道边，等待电动三轮车或小货车拉到不远处的仓库进行分拣。如今的分拣机器，不仅能把脐橙按照直径尺寸分类，甚至能测出果子的内部品质是偏甜或偏酸，尺寸与品质成了分装鲜食脐橙的标准，并由此产生了价格不菲的"顶级脐橙"。

"吃饭啦！"做饭的大姐高声吆喝。采果人纷纷向院坝围拢，有说有笑，他们本就是相互熟识的村民。一手好厨艺的大姐家里是做农家乐的，采橙的时节就出来帮忙，和那些采果人一样，工钱日结。

脐橙产业似一根链条，种植、采摘、销售、加工，串联起乡村振兴的美好图景。

"脐橙好吃，富含维生素，又容易消化，一天吃两三个没问题。"在赣南乡村，大家心里都有一本"脐橙经"。

有人说，赣南脐橙曾经历3个阶段：20世纪70年代是"样品"，80年代是"礼品"，90年代是"商品"。之后，赣南脐橙的发展迎来了前所未有的繁荣。

1993年，赣州地区把发展脐橙作为调整农业结构、促进农民脱贫致富的突破口和着力点，实施"兴果富民"战略，赣南脐橙掀起第一轮发展高潮。这一年，袁守根受命创办"脐橙高产示范场"，并兼任董事长。他协助有关部门规划了信丰"百里脐橙带"，在穿越全县南北的105国道两侧8公里范围内，鼓励农户、集体、机关一起参与开垦荒山种植脐橙。

脐橙种植考验技术与管理，难；改变乡亲们陈旧的种植观念，更难。

20世纪90年代初，在赣南，大部分村民只知道种杉树。杉树好呀，又不用施肥又不用刻意去管，几年时间长得又高又壮。莫说脐橙，不少人之前连果树都没种过，要让他们接受陌生的，实在太困难。

那些年，袁守根走遍了每个村组、每座山头，院坝会、田间会几乎天天开。道理不能讲高深了，不然村民也听不明白，要说就说点实在的。于是，他告诉大家："种脐橙为什么好？因为一棵脐橙树，相当于三头猪啊！"几句接地气的话，一下子讲清楚了种脐橙的经济效益。

"嗯,是这么一个理儿!"有庄稼汉点头说。渐渐地,村民的思想工作就做通了。

为了鼓励农户种好脐橙,当地曾出过很多鼓励措施。比如,一个人一天挖掘 10 个 1 米宽 1 米深用来种脐橙的坑,就奖励 1 株脐橙苗和一些化肥。刚开始,村民们并不理解为什么非得挖这么深的坑,瞧,一天下来,腰腿酸疼。他们觉得是干部和技术员故意刁难大家。

"哼,这么深的坑,都可以把那谁给埋了。"有村民放出冷言冷语。

"大家知道吗?咱们的坑挖得越深,脐橙树的根就扎得越深,吃到的养分就更充足。咱们种脐橙的人,多少得有点'傻子'精神,第一,做事必须实实在在;第二,要吃苦耐劳;第三,必须放下身段掌握技术;第四,要多多经历风吹日晒。你看,脐橙种出来到了客户手里,客户喜欢,钱就能赚到。种脐橙难,但种好了脐橙,今后无论什么你都能种好。"袁守根笑呵呵地对大家说。袁守根和村民们比着挖坑,大半天时间就是七八个。

给村民们教技术,有时,袁守根在村委会或某个宽敞点的农家小院支个小黑板,在上面用粉笔画图,什么是主枝,什么是叶柄,好的果型该是什么形状⋯⋯更多的时候,他在果园里,就着一棵果树现场讲解,哪几根主枝值得保留,采果时的注意事项,看着他的示范动作,大家一下子就明白了。

也是从那个时候开始,只要听说袁老师来了,大家口口相传,他的身边便跟了一大群慕名而来学技术的人。

眼见家乡脐橙产业越来越好,早年出门打工的村民,纷纷返乡创业。1997 年，赣南果业股份有限公司在深交所上市，脐橙产业真正开始了资本化的运作。

2002 年后，赣南脐橙的种植面积以年均 20 万亩的增量迅速扩大，至 2005 年年底，脐橙种植面积已达 115 万亩，产量猛增到 36 万吨，产业规模迅速壮大。

2006 年 8 月，袁守根协助制定的首个《赣南脐橙》国家标准获批。这意味着赣南脐橙的品牌、种植和销售首次获得了统一，并正式进入"国家水果编队"，有了国际知识产权等法律保障。

2001 年，袁守根从信丰县人大常委会副主任的岗位上退休，几乎天天接到各个农业公司想要返聘他的邀约。有一个初具规模的公司，拿出十足的诚意请他去做顾问，甚至连办公室和住处都给他备好了。但袁守根拒绝了，他说："我来做顾问可以，但绝对不能拿你的钱。因为拿了你的钱，就只能给你做事，服务不了更多的人。"

转眼间，袁守根退休已 23 年，可和退休前相比，他忙碌的生活没有多少改变，他以"顾问"和"参谋"的身份，依然活跃在田间地头。他的微信好友里有上千位果农。

还有一个事实：袁守根做了一辈子柑橘事业，但自己没有一分地，他的儿女也没有承包一分果园。

五

为了感谢时任国务院总理的温家宝同志在当年雪灾中及时出手帮赣南果农"卖脐橙"，2012 年的除夕夜，袁守根展开信纸，一字一句写下心里话："我作为农艺师，见证了赣南脐橙积极参与国际竞争，由小到大、由弱到强的发展历程，更是兴国富民政策的受益者。目前，赣南脐橙已成为赣南农业的'当家树'、农村的'致富树'和农民的'摇钱树'……今年脐橙又是个丰收年，来信特向总理表示感谢并报喜。"

2012年2月6日，温总理的回信到了。他在信中提出"请省里派人代我看望袁守根同志并致谢意"，同时指出"赣南脐橙发展有很大潜力，只要坚持科学种养，提高品质，搞活流通，就大有可为"。

温总理的回信给了袁守根莫大鼓励，受此启发，他提出"做强脐橙产业，加快脐橙品种选育和改良，推进标准化、有机果园建设，支持贮藏、加工、物流设施建设"的建议。这一建议，被写入2012年《国务院关于支持赣南等原中央苏区振兴发展的若干意见》，也让赣南脐橙产业迎来崭新发展。

冰雪灾害的阴霾散去，丰收的喜悦、政策的支持让赣南果农精神振奋，正当大家鼓起劲头准备大干一场，又一场考验呼啸而至。

很早以前，溃疡病、炭疽病是柑橘常见病，可防可治。随着脐橙种植规模不断扩大，集中连片种植、成熟期集中，有着"柑橘癌症"之称的"黄龙病"便在赣南暴发了。

2013年，整个赣南有50%的脐橙树患上"黄龙病"，信丰当地的果树患病率甚至更高。

眼看着一棵棵树干碗口粗又正值产果兴盛期的脐橙树被砍掉，果农们数十年如一日辛苦种植的果林正被病害毁去，年过七旬的袁守根心痛不已，数日不眠不休地蹲守果园，观察病情，研究对策。

"碰到再大的困难，总要勇于应对。不能回避它，要积极地做工作，克服它。"袁守根说。

面对自己一手栽培的脐橙树，有的果农怎么也下不了手，袁守根一边劝说他们忍痛砍去病树，一边安慰他们："别怕，我们一定能制服黄龙病，守住脐橙的根。"随后，他果断提出推广"种无毒苗木、消灭木虱、挖除病树"三大防控措施，并走村串户地做宣讲，教果农如何识别病树、清除病原、做好防控监测，最终暴发的黄龙病被控制住了。

通过黄龙病的暴发，果农们开始意识到脐橙大规模、集中连片种植，虽然多了一些经济效益，但并不利于防控病虫害。于是，袁守根开始引导大家进行重生态、重品质的示范种植。

比如，以前脐橙株距一般 2.8 米，行距太密，脐橙抢肥抢光，现在扩大到 4 米，脐橙雨露均沾。果农们发现，一亩地虽然减少25% 的株数，但一株树能增加产量 20%，一株树脐橙品质能提升30%，再如，由袁守根开创的"猪—沼—果""鱼—沼—果"生态开发模式，已经成为南方山区果园经营的典型。

在赣南，多见建于丘陵上的果园。果农们在山顶种上杉树，山腰大片种脐橙，山脚下挖出池塘养鱼，一举数得，这是新型的生态开发模式，"山顶戴帽、山腰种果、山脚穿裙"。农家乐元素也被引入脐橙产业的农旅融合新路径，"果园建在景区里，脐橙种在森林里，游客吃住果园里"。

走进赣南脐橙产业园，可见 3000 亩的高标准脐橙种植示范园，其间遍布了智慧系统。先进的滴灌和施肥系统，在对土壤湿度、肥力进行精准测量后，在控制室内一键启动就可实现对几百亩脐橙的自动化水肥管理。AI 时代的高智能，不仅让果农们逐渐告别体力活，也以其独有的精密测算保障了果品质量。

知名作家刘景明早年曾在信丰脐橙场工作数年，于一番外乡漂泊后又回到了家乡，"作为袁守根曾经的同事，我很荣幸！"在信丰，袁守根和他的后继者，是刘景明笔下源源不断的灵感来源。2021年，在长篇报告文学《奔跑的橙子》里，他刻画了创业者和劳动者一个又一个美丽又生动的剪影——《"橙色"老人》《果园开"莲"》《接力效应》《小镇快跑》《红土实录》……

这些年，赣南脐橙跑得更快更远。某国内大型知名企业扎根赣南，建起了亚洲规模最大的鲜橙和橙汁加工厂，在安远县和信丰县有了三大脐橙合作基地，生产的品牌果汁入选2016年G20杭州峰会的指定饮品；20世纪80年代投身赣南脐橙产业的朱清能支持两个儿子创业，从脐橙贸易、加工开始，创建了国内领先的果蔬分拣设备生产企业；广东顺德人罗厚海，2007年在江西信丰创立农业发展有限公司专供赣南脐橙，如今上千吨脐橙远销新加坡、越南、泰国、菲律宾等多个东南亚国家……

作为赣南脐橙的引路人和奋斗者，最让袁守根欣慰的是，如今的脐橙产业，已从零散种植发展到了百亿元的产业集群，不仅解决了赣南老区100万农村劳动力的就业问题，也一并带动了苗木、生产、养殖、农资、分级、包装、加工、贮藏、运输、销售以及机械制造、休闲旅游等全产业链发展。如今，脐橙产业已经成为赣州百姓致富的第一支柱产业。

小小的橙子一路奔跑，朝着幸福的康庄大道而去。袁守根却始终在那里，守着心中那片扎根热土。

农业技术员、县科技局局长、县长助理、县人大常委会副主任，袁守根曾经历过多个岗位。早在 20 世纪八九十年代，因为脐橙种植声名鹊起的袁守根，有多次机会步入重要领导岗位，但他最后的选择，都是脐橙、果园和果农。无论在职还是退休，他都一直行进在推广脐橙、让果农增收，最终实现乡村振兴的道路上。他的言行，不但深深感染周围的人，更是对后辈最好的教导。3 年前，他的孙女袁清扬主动选择就读中国农业大学。

2021 年 2 月，在北京举行的全国脱贫攻坚总结表彰大会上，袁守根荣获"全国脱贫攻坚先进个人"称号，受到习近平总书记的亲切接见。2021 年 6 月，袁守根被评选为"全国优秀共产党员"。2023 年 1 月 18 日，中央文明办等发布 2022 年第四季度"中国好人榜"，袁守根榜上有名。2023 年 5 月，袁守根被中央宣传部、中国科协、科技部等 6 部门授予 2022 年度"最美科技工作者"称号。

"我这辈子，离不开农业，离不开脐橙，这是实实在在的心里话。"袁守根说。

李桂科

黑惠江作证

任林举

　　悠悠黑惠江，自丽江高地而来，经剑川，过漾濞、洱源，以澜沧江左岸一级支流的身份一路南下。江水清澈，泽被两岸，为流域内人们的生产、生活带来持续不断的福音。但自从山石屏麻风疗养院建立之后，这条江似乎突然改变了它原有的形态。

　　站在山石屏麻风疗养院望向黑惠江，它弯弯绕绕的样子，似乎并非从这里轻轻松松，一走一过，而是要刻意地兜一个圈子，做点儿什么别有用心的事情。是的，它顺便与高高的罗坪山合谋，把山石屏所在的这一小片坝子圈成了一个孤岛。

　　对那些进了山石屏就再也没有出去过的麻风病人来说，黑惠江其实就是一个具有魔力的圈。但他们并不知道是谁口念咒语，魔幻之手一挥，就把山石屏与外界隔离开来。圈子里，江这岸，是麻风病人的世界；圈子外，江对岸，是健康人的世界。这是一个被诅咒的魔幻之圈。外边的人不敢进来，里边的人不能也不敢出去。

　　整整大半个世纪，魔咒无解，无人可破。几百号人，就被一道看不见的围墙困在这个叫山石屏的山窝窝里，带着麻风病人抹不掉的标记，无望地生，悄悄地死。没有人敢大胆地奢望有朝一日黑惠江能够重新伸展开腰肢，还山石屏一片阳光明媚的天空和一片欢声笑语的美好生活。

时光延宕至 2014 年，当山石屏麻风疗养院正式更名为山石屏村时，人们欣喜若狂，敲锣打鼓，燃花放炮，庆祝山石屏重返人间，庆祝山石屏人获得新生。是日，阳光明媚，祥云如锦，不远处的黑惠江似乎也被喜悦的气氛感染，浪花翻卷，水流淙淙，发出了欢畅激荡的声音。

禁锢着山石屏的魔咒终于解开了，一切都复归其本来的样貌。人们仿佛突然从一个漫长的噩梦中醒来，发现自己长期生活其中的山石屏竟然如此山清水秀，风景如画；一向愁眉苦脸、形象粗陋的熟人、病友们，竟然脸上都洒满阳光，也都那么和善、美好。有人心潮澎湃，有人笑得合不拢嘴，有人喜极而泣……一片欢乐、幸福

▶李桂科（右）向作家任林举讲述山石屏村麻风病防治成果

的氛围里，人们不约而同地将目光集中于一个跑前跑后忙得不亦乐乎的老者身上。

这个人就是无数次跨过黑惠江，来到山石屏，来到麻风病患者中间，并把山石屏当成自己家的李桂科医生。整整40多年的时光，他把自己的青春年华、大好前程以及生命里全部的能量和情感都倾注于黑惠江畔这个小小村落，将持续不断的疗救、守护、陪伴、关怀、鼓励、帮助和爱，炼成了一束圣洁的光，照亮了麻风病患者们的病体和心灵，也破解、驱散了浓雾般笼罩在山石屏上空久久不散的魔咒。

一、跨过黑惠江

当初，李桂科与同窗好友张开武双双以民办教师身份考入洱源县防疫站时，他们并不知道那次县里统招的5名医生都是为麻风病防治定向招收的。当然，他们也不知道这是怎样的一项工作，需要面对什么，对个人的生活有什么影响。但他们对麻风病这种非常顽固、可怕的传染病，却早有所闻。

上高中时，有一个同学叫杨晓元，李桂科至今还记得他的模样。就在一次学校的筛查中，发现他患有麻风病。一个笑脸盈盈的少年，高中也没读完，就被强行隔离到了山石屏麻风疗养院。李桂科的老家孟伏营，也有个麻风病人叫李跃全，发现得病后，一刻都没有停留，当天就被送去了洋芋山，那是洱源县另一个麻风病人隔离点。李桂科出生的三营坝子，在洱源县算是麻风病高发区。那些年，村里只要发现有患麻风病的人，要么就被送到洋芋山，送到山石屏，要么就被撵走。麻风就像田野里的游魂，人人谈之色变，人人避之唯恐不及。

麻风，这种古老的传染病，中外典籍中均有明确记载。《黄帝内经》中，称麻风为"大风""疠""疠风"。中国古代最早关于麻风病的记载是春秋战国时期，当时孔子的弟子冉耕就得过麻风。至唐朝，著名的"初唐四杰"之一的卢照邻，也不幸得了麻风病。他曾向孙思邈求医，但此疾顽固，即便"药王"也不能治愈。《旧唐书·卢照邻传》记载："因染风疾去官，处太白山中，以服饵为事。"不但官做不成，随着病情加重，其手足均致残，加之孙思邈去世，卢照邻治愈的希望破灭，他不堪忍受生不如死的折磨，绝望地投颍河自尽了。

据世界各地有关麻风病的总体记载情况看，东非可能是最早受到麻风侵袭的地区。在古巴比伦王国尼尼微城的亚述巴尼拔皇宫（建于公元前 612 年）的遗址中，人们发掘出了刻有楔形文字的陶土板，其中有令麻风病患者远离城市的法律条款。有人认为，几乎与此同时，亚洲西部的底格里斯河与幼发拉底河两河流域，也已发生过麻风病的流行。此外，还有一些更加确凿的证据证明，自古以来麻风病就没有停止过对人类的纠缠。不但《古兰经》里有"结节性麻风"的记录，《圣经·旧约》中也多次提及"大麻风"，而且记有很多应对麻风病患者的一系列的礼仪、法律、诊断、检疫、隔离及愈后清洁等程序。

在古代，人们认为麻风病是一种与其他瘟疫一样，受控于某种超越人类的神秘力量，人们只可躲避，不可医治。那时，世界各地的人们应对麻风病的方法如出一辙，一是向某种神秘力量祈祷忏悔，二是将患者逐出人群。一旦沾染此病，纵然贵为王胄，也逃不掉最悲惨的结局。比如，公元 6 世纪末，吐蕃第三十代赞普仲年德如身患"龙"病（麻风），为了不影响后代和王族，国王决定与王妃秦萨鲁杰一起活着进入事先建好的墓穴，他们选择与这个疾病同归于尽，用生命把这个恶魔带入无尽的黑暗。

即便后来人类已经找到了一些应对麻风病的药物，这种病仍然让大多数人感到深深的忌惮。因为麻风杆菌异常顽固，需要连续数年坚持服药，才能被杀灭；另外，麻风杆菌给患者带来的肉体伤害特别严重，往往致其残疾，毁其容颜，令人望之胆寒，谈之变色。有一些落后地区，甚至因为恐惧和憎恶，而对麻风病人采取驱逐、枪杀、火烧、活埋等极端的歧视和迫害手段。如此一来，麻风病患者的存在则如鬼魅，被弃之荒野之地，或苟且偷生，或自生自灭，或自杀而亡。

随着人类医疗水平的提高，麻风病如今已不再是令人畏惧的不治之症。1982 年之后，世界范围内普遍推行了麻风联合化疗，麻风病患者数量迅速减少。20 世纪 80 年代中期，全世界登记的麻风病患者数量为 500 多万例，到 2020 年年底已经减少到 129192 例，减少了近 97%，可谓取得了前所未有的治疗成效。

处于西南高原的云南，到处是崇山峻岭，麻风病可能很早就已经存在，但何时流行，并没有具体的佐证资料和记录。洱源县的情况也大致相似，据《洱源县志》记载："麻风病，在境内流行历史较长，1920 年首次发现病例……"不仅麻风病人的底数不十分清晰，治疗上也一直令人束手无策。从新中国成立至 1980 年，洱源县主要采取的是隔离住院措施，治疗药物以氨苯砜（DDS）、大枫子油、氨硫脲为主，辅以维生素 B、维生素 C、硫酸亚铁等，并无特效药物。如此，大部分病人无法及时治疗，治疗率仅为 40% 左右，治愈率也较低，畸残率较高。

被强行隔离的患者，往往是一去不返，生死未知，与正常人群再无关联。这种隔离管理的办法，给患者造成了极大的心理压力和恐惧，从而怕进病院，讳疾忌医，甚至长期隐瞒，造成了更多的传染。没办法，只能靠定期普查发现病人。结果查出来的病人往往病程已经较长，而且畸残多，留下明显的标记。

普查出来的病人，住院治愈后，也存在社会不容、家庭不收的问题。病人只能长期住院，靠国家供养，等待老死。不但麻风病人，就连麻风防治医护人员也备受歧视，仿佛他们也满身都是麻风杆菌，以至于每个医护人员都要顶着巨大的社会压力和心理负担生活。其结果自然是麻风防治人员大多不能安心工作，人心思迁，队伍不稳定，人员变动大。

1987 年，洱源县开始实施世界卫生组织推荐的麻风病联合化疗方案，用氨苯砜、利福平、氯法齐明联合治疗。洱源县作为大理州的麻风病联合化疗试点县，对病人实行免费检查，免费治疗，每月送药一次到家中。之后的 30 多年，洱源县累计为 308 例麻风病患者实施了联合化疗，累计完成治愈 295 例，外迁 1 人，死亡 9 人，到 2020 年，已经彻底消灭了麻风病例。

多年的临床实践证明，麻风病联合化疗方案效果极佳，服药几天后，就能杀死体内 99.99% 的麻风杆菌，病人失去了传染性。因此，病人在治疗期间，不必隔离治疗，且用药物安全，不需要住院治疗，可在家、在单位、在学校治疗，不影响工作和学习。古老的麻风,终于遇到了克星。

李桂科刚刚进入工作岗位不久,县里皮防科医生就带他去了山石屏。那时,洱源县对麻风病人的治疗虽然还没有采用最先进的治疗方法,但已经不再是"无药可医"的状态。尽管如此,眼前的景象还是远远超出了他的想象,有那么一瞬间,李桂科感到一阵恍惚,仿佛一步跨入了另一个世界。

只见数十间土木结构的低矮瓦房横七竖八地散落在山间,房子已多年失修,破旧不堪。室内更是阴暗潮湿,空间狭小。这里不通电,也没有自来水,更没有与外界联通的道路。偶尔有人出入,需要走到黑惠江边,靠一艘渡船摆渡往返。这里就是人们谈之变色的"麻风孤岛"。

自 20 世纪 60 年代初期,180 名麻风病患者进驻山石屏麻风疗养院以来,这里便成了一个与外面世界绝缘的隔离区。20 多年间,这里陆续聚集了 300 多人次痊愈或尚未痊愈的患者。因为患过麻风病的人即便得到了治愈,外边的世界也心怀忌惮拒绝接纳,所以,这里的人就只能一直生活在这里,越聚越多,他们的归宿是最终死在这里。

由于当时的医疗条件所限,很多患者并没有得到有效的治疗,很多患者仍然在麻风杆菌的侵蚀下无助、无望地挣扎。很多患者病情很严重,有的没有眉毛,有的双目失明,有的口眼㖞斜,有的手指勾曲,有的手指都没有了,只剩下残损的手掌,有的身体溃烂,有的缺胳膊断手,有的拄着双拐,有的只能在地上爬行⋯⋯

在一处低矮的房屋前,李桂科遇到了一位老者。老者在门前支了个小马扎,弓着腰,坐在那儿晒太阳。医生们走过去,李桂科打开药箱帮他检查小腿上的溃疡。老者的皮肉已经发黑发紫，李桂科用钳子一扒，溃烂的皮肤马上破裂了，有些白色的东西在里边蠕动，那是些肥胖的蛆虫。由于麻风病人皮肤已没有知觉，机体溃烂了，坏死了，生蛆了，自己也全然不知。看着眼前蠕动的蛆虫，李桂科胃里不禁一阵剧烈的翻江倒海。他急忙跑出去，找了个无人的地方"哇哇"大吐起来。一边吐，他的眼泪一边止不住地流下来，但他一时说不清那泪水是为自己而流，还是为老人的悲惨遭遇而流。

吐完，他仍旧回去继续为老人处理伤口。李桂科忍住呕吐问老人："大爹，你伤口里都生蛆了，你不晓得嘎？"

老人抬起头，歪斜着眼睛说："像我这样，人不人鬼不鬼的，死了，反比活着好。我巴不得赶紧死去，伤口烂不烂都管不着了！"

至此，李桂科才发觉，自己的生理反应并没有影响他对老人深深的同情。一个人，但凡能看到一点生活的希望，怎至于如此心如死灰？身为医生，怎么忍心看到患者的身体遭受如此荼毒，又怎么忍心让患者如此绝望？

"大爹，您放心，我们肯定能治好您的病，您还要安享晚年呢！"李桂科说。

听李桂科这么一说，突然有泪水从老人的眼中流出，他边哭边说："也只有你们，共产党派来的医生来看看我们。自古以来，得了麻风病，就没有治好的。村里要我们走，老婆和我离婚，娃娃嫌弃我，不要和我见面。你说，我这活着又有啥意思？"

"大爹，您别这么说，等您的病治好，我们就去您老家和村上说，让娃娃把您接回去！"

当李桂科和同行的几位医生离开麻风疗养院时，那些麻风病患者眼巴巴地望着他们，那种目光里，有乞求，有不舍，也有盼望……

那天晚上，李桂科一直吃不下饭，也喝不了水。想起老人身上的蛆虫，胃就一阵翻腾，但一想起老人悲哀的神情，他又忍不住一阵心痛。

李桂科本来也是一个不幸但又幸运的人。不幸的是出生第七天，母亲就去世了，父亲把这个嗷嗷待哺的孩子紧紧抱在怀里，他实在没有信心能独自把他养大，只好将他送给亲戚做养子；幸运的是，李桂科的养父李奎甲心地善良，视李桂科为己出，给了他充足的家庭温暖和完整的父爱。让他从小就懂得人与人之间互助互爱的珍贵，也养成了一颗悲悯良善之心。

暮色苍茫，四野渐暗，李桂科站在临时住处的院子中，望向空蒙的远山，心潮久久难以平静。他突然觉得白天的经历，很像命运之神给自己的一份警示或试探。冥冥之中仿佛有一个深沉的声音在不断地向自己发问："作为一名医生，这一生，你要做出怎样的选择？是在这种生理上的不适和心理上的疼痛交替折磨中度过，还是要让溃烂的肌肤变得光洁，让愁苦的脸上绽放出笑容？"

也许，李桂科并不需要回答，答案就在他心中。许久，他无声地回到室内，端起已经凉透的饭菜吃了起来。他要好好吃饭，积攒足够的能量。明天，他还要继续去山石屏，还要检查更多的患者，做更多的工作。

从那天起，李桂科就暗暗地立下大愿：一定要亲手把这些可怜的人从病痛中解救出来，让这些人有朝一日都能像普通人一样，走出这孤岛，重新回归正常的生活。

二、从医之路

时至今日，李桂科也说不清自己一生与麻风病人相伴是缘于灵魂深处的某种契合还是命运的强烈吸附。他只知道自己是偶然入行，却一往而深。

高中毕业后，李桂科和很多农家子弟一样，回到了家乡洱源县永胜大队孟伏营生产队，当上了生产队的副队长。而后，又因为孟伏营小学缺少教师，他便以一个"文化人"的身份当起了小学教师，一个人负责几个年级的语文课和数学课。当时的农村小学条件很差，因为缺少教室、师资等教学资源，采取的是复式教学方式，也就是两个年级的学生在一个教室里上课，教师课堂教学与学生自习作业在同一间教室里交叉进行。然而，农村小学条件的简陋和工作量的巨大并没有让李桂科感觉到有多么劳累和艰苦，反而干劲十足，风生水起。两个学期下来，他所带的班级取得了全学区最好的成绩。整个永胜学区中40名学生获奖，他教的一、二、三年级就有22名学生获奖。

"李桂科这小子天生是块教书的料！"学校的同事和家长都竖起大拇指夸奖这个刚刚来学校教书一年多的民办教师。紧接着，永胜大队的大队长就将李桂科动员到永胜附中教初中。到了永胜附中之后，李桂科连续教了两年初中的数理化，一样不负众望，连续两年被评为学区的先进。看样子，李桂科这辈子就应该当一名"光荣的民办教师"。

然而，人生的种种际遇总是无常、难测，很多事都会在突然之间发生出人意料的变化。时间流转到 1980 年年初，某一个早晨，李桂科的同窗好友张开武突然跑来对李桂科说："桂科，咱们明天到县里去考试！"

"考什么试？"李桂科云里雾里。

经过仔细询问才知道，原来县卫生系统招工，张开武的姐夫在县卫生局，所以早早知道消息。他自己报了名，也帮李桂科报了名。因为从小一起长大，又一起在永胜附中教书，他深知李桂科的脾气秉性。他怕李桂科执着于当他的民办教师不去考试，所以迟迟不敢告诉他，直到考前一天才说出实情，让他没有犹豫和反悔的时间。

果然不出张开武所料，当他一开口，李桂科马上做出了反向的表示："我现在教书教得好好的，突然要去考卫生系统，未必考得上。即便考上了，当医生可比不得教书，人命关天呢！"

张开武既然敢给李桂科做主，就有应对李桂科的办法。他不着急，也不生气，而是胸有成竹地对李桂科进行了一番说服，其实叫解释也行："咱们现在的身份是民办教师，考上卫生系统就是国家干部。再说了，考不取还可以回来教书嘛！我就晓得你死脑壳，拐不过弯来，所以提前帮你报了名！"

不管李桂科答应不答应，内心的意愿怎样，第二天一早张开武就来到李桂科的家，不由分说将他拽到了考场。此次县里共招了 5 人，工作岗位全都是县防疫站。直到后来正式到防疫站报到，李桂科才知道，这次县卫生系统的招考，就是要定向培养麻风病防治医生。考试结果，张开武考了第一名，李桂科考了个第二名。

成绩揭晓，张开武欢呼雀跃，李桂科也喜出望外，在那个城乡差异巨大的年代，能逃离贫穷落后的农村，获得城市户口，对于个人来说，不啻一步登天。从另一个角度说，能够在众多的应考者中脱颖而出，也是个人学识、能力的一种体现。然而，两人却高兴得过早了。两人同时被县卫生系统录用的消息传到大队，永胜大队的领导却表示不同意放人。不但大队不同意，学校这边的反应更强烈。眼看学校的两名骨干教师即将同时离开，校长的态度十分激烈。当着两人的面将他们痛责一顿，说他们不安心教学，辜负了学校的重用。大队、学校皆不允，招办也就只能将他俩束之高阁。

然而，这时的县卫生局也开始着急。当此之时，正是洱源县麻风病的防治形势最严峻时期，麻风患病率达2.73%，人们已经陷入对麻风病的恐慌之中，否则也不可能破例在全县择优招收5名防疫人员。正当用人之际，择优选拔上来的前两名人员却无法到位，岂不是白费了周折！这怎么行？为此，卫生局专门派人到三营镇永胜大队协调，时任县防疫站站长的卢洲还特意跑到学校找到校长。

为了说服校长，卢洲态度诚恳地把洱源麻风病防治的严峻性做了深入透彻的分析，反复强调了防疫站特别需要麻风病防治医生，而张开武和李桂科都是卫生局非常看好的"苗子"，要重点培养。他还开导校长，要站在全县的大局处理问题，克服困难，为全县的大局作出牺牲和奉献。高帽子一戴，校长也就无话可说了。

"我很看好开武和桂科两个。特别是那个李桂科，看着就是个心地善良的人，他做麻风病医生，准没错。"卢洲临离开孟伏营时还不忘对校长补充这么一句。

1980年12月26日，张开武和李桂科终于接到了录用通知书，成为洱源县卫生防疫站的正式职工，工作部门就是"皮防股"。为了表示对人才的重视，张开武和李桂科报到那天，县防疫站特意派了一辆车专程来孟伏营接他们。

"皮防股"是干什么的呢？报到那天，李桂科瞪着一双困惑的眼睛问张开武，张开武也正想就同一个问题问李桂科。

"就是麻风病防治股。"一个穿白大褂的医生见他们是刚刚招收来的新人随口答道。

瞬间，两个人不约而同地愣在那里。

本想从民办教师考到卫生系统，成为"吃国家粮"的，能给自己一个光明的前程，给家人一份自豪，给父老乡亲一个慰藉，没想到竟然是一个这么让人望而生畏的工作。据说，当个麻风病医生即便日常工作也不能像其他医生一样，穿着白大褂，吊个听诊器，坐在医务室里给病人诊病，而是要翻山越岭去偏远的山区，要到危险的麻风病人中间去送药送医。这，回到家里，如何向家人交代呢？想到这里，李桂科滚烫的心难免"唰"的一下子凉了半截。

正当5名新招的防疫人员都不同程度地存在着某种失落情绪时，上岗培训开始了。负责新人培训的"老师"是有着较高的专业精神和丰富的防疫经验的丁文先医生。丁医生身材瘦削，满脸浩然之气，说起话来声音不高却总透出某种不容质疑的干脆和坚定。

"我知道，你们对自己的工作还没有一个正确、清晰的认识，有的人还存在着畏惧甚至厌弃的心理。但我要告诉你们，你们不要小瞧了自己，不要辱没了医者之名。从今天起，你们就是神圣的白衣战士。不但不能妄自菲薄，而且要有使命感、责任感和自豪感。"丁医生一开场就直接戳中了大家的心事。

然后，他又继续说："现在咱们洱源县麻风病肆虐，患病率已达 2.73%，很多人被病魔拖入痛苦之中。他们需要帮助，需要我们和更多的白衣战士去解救。这是一场看不见硝烟的战争，咱们要担负起白衣战士的使命，打一场维护人民群众健康的持久战。医学实践已经证明，麻风病可防、可治、不可怕，可怕的是人们对他们的抛弃、歧视和无情。我们要做的就是帮助他们，挽救他们，让他们尽快恢复健康，回归社会，免于歧视，和正常人一样，幸福快乐地生活……"

丁医生的话，不知道其他人有没有听进去，李桂科确实是入脑入心了。以至于丁医生的一席话当时就让李桂科感到热血沸腾、无比振奋、使命感大增，他当即就下定决心要以一个战士的姿态救众生于苦难及水火。以至于多年之后，经历了诸多困苦和磨砺，其他人员都已经纷纷转行，他仍坚持把自己的路走下去，且无怨无悔。

为期 3 个月的专业培训，让李桂科从民办教师彻底蜕变成一名麻风病医生。作为一名未来的医生，李桂科自知在医学上的空白，即便是治疗方案比较固定的麻风病医生，也需尽快弥补专业上的不足。那些日子，他以一种冲刺的姿态如饥似渴地学习和钻研着麻风病的防治知识。每次授课，他都一丝不苟地记笔记。下课后，他也没有更多的心思放松或真正地休息，而是在脑子里不断地回顾和琢磨着老师刚刚讲过的内容。每天回到家里，也要温习功课到深夜。

通过学习，李桂科初步掌握了麻风病的致病机制、病患症状以及相关的治疗和护理方法。说起麻风病，很多人感到既可怕又神秘。人类医学一直在不断探索，直到 1850 年，德国病理学家魏尔肖（Virchow）发现了"麻风细胞"，终于揭开了麻风病神秘的面纱，人们渐渐发现麻风病患者是麻风杆菌的天然宿主，也是唯一传染源。麻风病不胎传，也不遗传，主要通过飞沫和密切接触传播，至于最早的麻风杆菌是如何感染了第一个人类的，至今无法溯源。全世界医学界一直试图在人体之外找到和培养出麻风杆菌活体，以便研制出预防麻风病的疫苗，始终无法成功。从人体中提取的麻风杆菌，在任何环境下，只能存活很短的一小段时间。一般情况，95%的人对麻风杆菌有天然的免疫力，而5%的易感人群很容易通过飞沫和密切接触被传染。

麻风病与结核病、梅毒并称为三大慢性传染病，主要侵犯皮肤和周围神经，晚期患者的深部组织和内脏均可受到严重侵犯，并致残。这种病会使患者眉毛脱落、足底溃疡、口眼㖞斜、手指脚趾断落。因为神经系统被损害，很多病人有"麻"的表征，皮肤失去痛感，针戳刀割全无感觉，眼睛无法闭合，直至因长期暴露于空气之中感染致残。因此，身体会被经常性地烫伤、划伤而不自知，并且一旦受伤，伤口无法自行愈合，只能眼看着伤口一天天溃烂下去，最终导致毁容或肢体残疾。

一晃，73岁的周正泽已经来山石屏50年了。当他开口说话时，喉咙里会发出很奇怪的又尖又细的声音，这是因为多年前麻风杆菌损伤了他的声带神经。在四月鸟语花香的山间，周正泽的声音像是从时间深处流淌出的一缕神秘的琴声。

50年前，他刚刚20多岁，就怀着绝望的心情来到了这个与世隔绝的孤岛。他无论如何也接受不了自己十年前就得了麻风病这个残酷的事实。那时，他已经发现自己的手和别的孩子完全不同。其他孩子的手感觉敏锐，稍微磕磕碰碰就能感觉到疼痛，可是，他的手却从来感觉不到疼痛。有时，小朋友们淘气打赌，看谁的手能挺住掐，他被掐出血竟然连眼都不眨一下。本来以为自己是身怀异禀的英雄人物，偶尔还在内心里泛起隐隐的自豪，可是，等到20岁时，却发展到浑身难受，满脸赤红，肉丘凸起，不得不去医院就诊，这才知道自己已经感染麻风杆菌十年有余了。可是，令他十分不解的是，为什么一家人就他自己得了这个病；此前经历了几个读书的班级，没有一个孩子和他一样成为麻风病人。难道是命运之神专挑他一个人祸害吗？

他怀着郁闷和悲愤的心情问医生，医生也无法回答他的问题。他刚到山石屏时，干脆都不想活下去了。好在，有国家在生活上无条件地供养，有医生陪着他们共同挨过那段难过的岁月，并不遗余力地坚持着疗救，让他们不至于走到绝望的边缘。

1981年4月，一个春暖花开的季节，年仅24岁的李桂科在丁文先的带领下，翻越罗坪山，来到黑惠江边的山石屏。这是他从医生涯的新起点，也是他成为真正医生的第一天。

长期以来，人们对麻风病的恐惧和忌惮，就像从来没有停息过的风，一直吹进骨子和灵魂，甚至一些从业多年的医生，对麻风病、麻风病患者也充满了误解和恐惧，不愿意接触麻风病人，更不要说去当一个治疗麻风病的专业医生。所以，在这个领域里的现实就是既缺有效的药物，又缺专业医护人员。

丁文先和李桂科的到来，不敢说开启了一个麻风病治疗的新时代，至少是山石屏疗养院麻风病患者的春天，这个几乎被现代医学遗忘的角落，终于有了专业医生和专门治疗。一进山石屏，李桂科等医生就开始了对 181 名患者的全面调查，一边检查，一边建立病历档案，一边按照最新的治疗方案进行规范化治疗。

"以前我们都是病人管病人，现在有你们这些新生力量来，山石屏的病人治愈大有希望。"说话的人是山石屏之前的一个管理者黄升东医生，他知道丁文先和李桂科的到来意味着什么，便一脸灿烂地说出内心的感触和期待。

三、医者仁心

从孟伏营到山石屏的路，按照直线距离算，不过区区几十公里，但对于一个麻风病医生来说，却不啻世间最难走的一段。

这段路的难，一是交通上的难。每一次赶往山石屏，李桂科都要翻越高耸的罗坪山，翻越海拔 3000 多米的鸟吊山垭口，沿着盘山路一路向西，花两个小时坐班车来到炼铁街，全程 55 公里。从炼铁街到山石屏，又是 10 公里，如果运气好，能搭一趟乔后镇到下关市的班车，需要半个小时左右赶到黑惠江边。但由于这段路上客流稀少，班车每天只有不定时的一个班次，所以，大多数时间，只能徒步前往，走下来也需要一个多小时。到了黑惠江边，还要坐渡船，再从江边步行到达山石屏麻风疗养院。

二是身体上的难。很多时候，李桂科要顶着炎炎烈日，背着沉重的药箱赶往山石屏。走在罗坪山细细的小径上，滔滔汗水的浸泡和体力上的快速消耗，常常让他在微微眩晕中产生精神上的恍惚。有时，他感觉日复一日地往复行走很有魔幻色彩，宛若置身于一个魔法之中，自己似乎并不是一个真实存在的人，而是一只载着药

▶ 李桂科往返山石屏村需要的箩筐

品、食物和一点点希望的箩筐。前方需要抵达的山石屏就是一个与世隔绝的"天坑",而细细的山路就是那条吊着箩筐的绳索。不同的是,自己比那只机械往返的箩筐多了自主意识。通往天坑的那只箩筐要靠一双手控制才能实现自己的功能,而他是要靠自己决定上下往返,更要靠自己的意志把这种不断地往返坚持下去。

罗坪山上的石头冷,他需要用自己的脚板把它们走热;炼铁街的砂石烫,他需要用脚板把它们走凉;黑惠江的水涨落无常,他要以自己的意念为桥,把无路的黑惠江走成坦途。

最初,李桂科等医生对麻风病患者的治疗显得单调而繁重。每天他们都要从黑惠江对岸的健康区茄叶村赶往山石屏,去查菌、割病理组织,给患者做溃疡面处理,并经常性地对家属做病菌检查。那时,黑惠江上没有桥,医生们需要步行到江边后,坐渡船去疗养院,工作四五个小时,又坐渡船回到健康区。同时,他们还负责炼铁街、西山林场、乔后镇等地居家治疗患者的联合化疗,每个月到病人家中发一次药。

麻风病的治疗方式虽然单一，却涉及方方面面的社会问题。家庭破裂、亲朋疏远、社会歧视，给患者带来了很多心理问题，也需要医生进行心理疏导与治疗。也就是说，麻风病防疫的难点并不在治疗，而在于发现和动员他们接受治疗，是在"防"上。有一些病人担心自己的病被村里人发现，拒绝见医生，拒绝治疗。也有的病人不相信自己得了麻风病。医生只能耐心地和病人解释，是经过查菌和病理检查才确诊的，绝不是毫无根据地上门发药。有些病人听了，经过半年或两年的治疗，彻底治愈。也有的病人坚决拒绝服药，任由病情发展扩大，最后落下残疾，追悔莫及。

年轻的李桂科早早地发现了这些问题，所以从他来到山石屏之后，就把重点放在了"防"上。他千方百计地发现和动员麻风感染者积极接受治疗和勇敢面对未来的生活。1983 年 6 月，他在排查中发现麻风病患者苏晓标病情严重，身体上多处出现溃烂。可苏晓标却十分固执，他不相信麻风病可以治好，拒绝接受治疗。给他发的药，他总是悄悄扔掉。他的心理也极度脆弱，曾经不止一次试图轻生。因此，李桂科让大家密切关注他的动向。

有一天夜里，苏晓标突然不见了，院内的管理人员急忙向李桂科报告。李桂科立即组织了 20 多个人去找苏晓标。后来，在黑惠江边的柳林里找到了他。那天夜里，李桂科与他彻夜长谈，与他探讨麻风病的病理、药品的药理，希望他配合治疗。经过反复的心理疏导，苏晓标转变很快，他开始按时服药，以积极的心态面对生活。经过两年的治疗，他的病情大有好转，身体上的溃疡也大多愈合，麻风病已治愈。

苏晓标欣喜若狂，逢人便说："李医生真是神医！"

李桂科却真诚地对他说："我不是神医，是你规范服药的结果。"

其实，在治疗苏晓标的过程中，李桂科意识到，当前一直沿用的治疗方法效率并不高，有些患者因为用药周期太长、疗效缓慢而失去信心。由于自己的专业基础较差，还不能独立做出改进，他便四处虚心讨教或关注全国和世界医学最新动态。一有空隙，就去请教黄升东医生，研究探讨更加有效的治疗方案。每次有同事回县防疫站，他都要嘱托他们带医学杂志来，有时他到炼铁中心卫生院去找。他的生父杨茂清从昆明调回三营专科医院后，李桂科还请他把医院订的医学报刊找来。可谓孜孜以求，在防疫系统这么多年，他整理的学习笔记共有四五十本之多。

1982年，在上级防疫部门专家的指导下，李桂科在氨苯砜之外，再加了利福平。利福平是治疗结核病的药物，与氨苯砜合并后，对麻风病的治疗效果特佳，有些病人好转较快。1986年，中国著名麻风病治疗专家李恒英教授到洱源考察调研麻风病防治工作，决定将洱源县作为短程麻风病联合化疗试点县，用氨苯砜、利福平、氯法齐明三种药物联合治疗麻风病。于是，洱源县对全县麻风病底数做了一次清理复查。这次复查1987年7月完成，对1985年前治愈的249人进行了全面复查，对1985年前死亡病人298例做了追踪和家属体检，对现症病人及治愈者家属1070人做了体检，对截至1985年年底的现症病人387例全面进行了细菌、病理和临床检查。在清理复查期间发现新病例20例。对新病例和还未达到治愈标准的152例，纳入短程联合化疗试点。

事实上，纳入联合化疗对象的都是些治疗多年没有治愈的病人，主要原因是这些病人讳疾忌医，不能规范治疗。而原因背后的却是社会上普遍存在的对麻风病的偏见和歧视。要使病人按联合化疗方案规范服药，必须采取多种措施，因此李桂科制定了《洱源县麻风联合化疗实施方案》《洱源县联合化疗实施考核细则》，并编印了《麻风联合化疗培训讲义》培训乡村医生，编印宣传单，使人们更多地了解麻风病，支持麻风病防治工作。在实际操作上，他们做到"送药到手、看服到口、咽下再走"，保证了病人的规范服药。

富有针对性的麻风病防治实践，不但打开了李桂科的思维，也勾起了他在专业上学习深造的愿望。

1989 年，南京医学院开办麻风病防治医学大专班，招收全国各地学员。这是一个难得的机会，当省麻防所将这个消息告诉李桂科，他毫不犹豫地报了名。一考，果然就被录取了。当录取通知书下来，李桂科才想起一件重要的事情。怀胎十月的妻子，此时正到了预产期。学校 9 月 1 日开学，妻子的预产期就在 8 月 30 日。如果顺利，孩子刚降生，作为丈夫就得远走他乡去进行为期三年的求学，在最困难的时期，只能将新生儿和一个家庭留给妻子独自支撑。最糟糕的是，预产期已到，孩子就是不出来。李桂科怀着愧疚和焦急交织的心情等到 9 月 3 日，孩子仍然没有动静，为了不耽误学业，李桂科只能忍痛割爱去学校报到，剩下的一切事情只能全部扔给妻子。妻子杨芬挺着大肚子为李桂科送行，挥手告别的一刻，两个人都流下了眼泪，但两种泪水却有着不同的滋味。

几年专业深造，李桂科的医学理论和实践水平均得到了极大的提升。学成归来他成了县防疫工作的牵头人，工作面扩大到了全县，但他的人、他的心依旧没有离开山石屏。

1998年李桂科组织实施了消除麻风特别行动计划，新发现麻风病人20例。2002年，在三营镇、玉湖镇、苤碧乡3个麻风病高发乡镇组织实施了消除麻风行动，发现病人7例。2005年以来在全县开展消除麻风行动项目6次，组织家属检查、线索调查，展开地毯式的普查，发现一例治一例，使洱源县的麻风患病率从2.73%下降至0.006%，基本"清零"。

麻风病患者的康复之路是漫长的，虽然通过治疗清除体内的麻风杆菌即标志着治愈，但真正走向并融入社会还需要做很多工作。足底溃疡是麻风病患者的常见症状，并且长期难以愈合，影响生产生活不算，有些最终只能靠拐杖轮椅度过余生。有些严重患者失去脚趾，甚至失去整个脚掌的也不少见。李桂科很着急，如果不能解决这个问题，即便麻风病治好，活得也很艰难。身为皮防科医生，李桂科和同事们也无法处理。他是个善于想办法的人，于是他找到了大理州防疫站的彭金虎医生。

"彭医生，听说你在上海遵义医院进修时，做过麻风足底溃疡的手术。我们皮防科的医生都不会，能不能拜您为师，教教我们？"

看着眼前这个憨厚的男人前额上的头发已日渐稀疏，两鬓也略显斑白，彭金虎叹口气说："老李啊，扑在麻风病上几十年，你也累得够呛。你还要学做手术？"

"不光我要学，我们皮防科的医生都要学，让麻风康复者重新开始新的生活。"李桂科说。

1991年年初，彭金虎来到洱源，给洱源县防疫站皮防科的医生们做了 3 个月的现场教学，李桂科学会了足底溃疡清创术和垂足矫正术。在李桂科的带动下，洱源县防疫站皮防科的医生们都学会了这两项手术，这超出了他的预期。起初李桂科只是下决心先学会，再带动科里的男医生，学会几个算几个。后来，不但男医生都学会了，两位女医生也学会了，而且大胆投入实践，手术效果不逊于男医生。如此，皮防科的所有医生都能手术，他们拿起手术包，骑上自行车，就能到康复者家中做手术。

到麻风康复者家中做手术，这应当是李桂科的创举，是很多手术医生想都不敢想的。在家中手术，卫生条件并不达标，手术医生会有很大的心理压力。但李桂科觉得，凡事不能秉持教条，足底溃疡清创术的复杂度不高，只要做好个人防护，做好消毒杀菌，安全隐患不大，而且到病人家中手术，能增强康复者的信心，减少行动的麻烦，节省时间，为康复者恢复正常生活创造更多的条件。

这实际上是一种医学上的实事求是。换一种方式想这个问题，如果是野外的伤员救护，比如战时，再大的手术都需要在野外进行，特殊情况哪有许多条件的苛求？李桂科的做法被云南省皮研所获悉后，极为赞同，认为很有实用性，立即向全省大面积推广。

为了解决麻风病患者的眼睛、肢体上的畸变和残疾，李桂科多方寻求爱心组织的援助，他曾把本县的麻风康复者送到昆明做手指勾曲矫正术、面瘫矫正术、眼睑矫正手术。此外，他还为每名康复者准备了护理箱、防护手套、防护眼镜、防护鞋、拐杖、轮椅等，如今走进山石屏麻风疗养院，那些康复者戴的墨镜、穿的防护鞋、坐的轮椅，全是李桂科想方设法找到爱心组织赞助的。不仅国内，很多国际慈善、救护组织在李桂科的奔走联络下，也对洱源的麻风病患者伸出援手。目前，中国和英国麻风康复项目、中国与比利时麻风康复项目都落户洱源县，并获各级科研成果奖。国际麻风康复专家宋爱真、中国麻风康复专家张国成等人都先后到洱源县考察，对李桂科的建树颇有好评。

1992 年以来，李桂科撰写或组织撰写的学术论文《568 例麻风畸形残疾的调查》《麻风残疾患者家庭手术治疗的探讨》《中国与比利时王国麻风康复合作项目的成效》《麻风康复项目效果分析》《麻风复杂性足底溃疡的综合防治》等不断在各级医疗组织和医学杂志上获奖，同时为麻风病的防治和康复提供了可靠的理论基础和实践范本。

妻子杨芬是学医的，自然明白麻病风可防、可治、不可怕。但在 20 世纪八九十年代，整个社会都谈"麻"色变，且不说人们惧怕麻风病人，就是治疗麻风病的医务人员也饱受歧视，好像治疗麻风病的医生也会传染上麻风病。杨芬没有结婚之前有很多要好的女伴，只因她嫁给了李桂科，婚后，女伴们很快都四散而去，不再与她来往。不但社会上的朋友，就连熟悉的同事、知近的亲戚，都不敢上她家的门，即便有事不得不到家里，也不敢喝她泡的茶。更多的时候，他们在门口说完事就转身离开。面对如此的外部环境，性格活泼开朗的杨芬感到很委屈，却又不好对李桂科发作，常常偷偷以泪洗面。毕竟，他所从事的是一种无私高尚的事业，她不忍伤丈夫的心。

那年，杨芬因输尿管狭窄患上肾水肿，到大理州医院做手术，3 个月也没有彻底好转。出院后因手术还是留下了后遗症，经常连续发烧，李桂科却因为山石屏那边的事情多脱不开身，无暇顾及妻子的身体，离家一去就在山石屏待上二十几天。

仅仅这些还不算什么，最让妻子受不了的就是丈夫为了让那些已经痊愈的麻风病人找到生活的自信和尊严，有朝一日重返社会，整天和他们在一起打交道，吃饭、聊天、料理生活。自己家的事情顾不上管，却天天管患者家里的事情。更过分的是，竟然把麻风病人带到家里，也不管妻子和孩子能否接受，是否受到影响。

转眼多年过去，当初和李桂科一起来山石屏的医生们，前前后后一共11人，都因为各种原因离开了山石屏，甚至离开了麻风病医生的岗位。中间李桂科有一次离开山石屏到地震局工作的机会，他也曾有过动摇，妻子杨芬更是极力鼓动他借机离开。

但就在他即将转身离开的时候，他还是忍不住回头看看山石屏那些病人的反应，那是因为他的心还没有离开呀！这一回头不要紧，就注定他一生都不会离开这个地方了，他看见了患者们眼中不舍的泪水。

听说县里有个单位要调走李桂科，有个老奶奶颤巍巍地走到他身边，仰着脸，眼泪汪汪地说："李医生，你走了，谁来管我们啊？"

顿时，李桂科如触电般呆立在那里。是啊！他深知这些患者身体和内心的脆弱，他走了，谁来管他们？虽说疗养院里总会定期派来医护人员，可大多都留不住，更不要说用心、用情精心呵护啦！他最后还是决定留下来。

对李桂科的决定，妻子杨芬很是无奈，只能当着丈夫的面大哭一场，她以为这带着半生委屈的泪水，能在最关键的时刻发挥一些作用，让这个死脑壳的李桂科回心转意。

可是结果，在她意料之外，也在意料之中，面对妻子的泪水和麻风病患者的泪水，李桂科最后选择了后者。

四、阴霾散去

时隔 23 年，在一次电视台记者对李桂科的采访中，偶尔提到 1990 年山石屏那次沉船事件。恰巧此时记者要拍摄一个特写镜头。便把镜头朝前推，再朝前推，记者在摄像机镜头里，看到李桂科的眼睛里仍然蓄满了泪水。

1990 年，山石屏的麻风病患者已经全部治愈。在摆脱了病魔纠缠之后，人们的内心都充满轻松和喜悦。中秋节那天，人们欢天喜地地乘渡船去对岸的山地里收庄稼。上午去时还晴空万里，下午接近尾声时却突然大雨滂沱，人们见势不好立即草草收工。众人回家心切，慌乱之中，同去的 16 个人和 56 篮苞谷、辣子一同挤到一条渡船上。

没想到，由于严重超载，船到江心，船舷便与江面持平。再加上江水暴涨，流急浪高，几个浪头卷来，船身摇晃了两下便沉入水中。这些麻风康复者本就体弱，有几个还是肢残，再加上不会水，很快便沉入水里。几个年轻力壮且又会水的康复者冒死救起了几个人，但还是有 6 条人命葬身黑惠江。

噩耗传到李桂科耳中，他和死者的亲人一样，悲痛万分，忍不住失声痛哭。那一张张熟悉的脸庞——从他的眼前闪过，每一个都是他亲自给药、疗伤、处理溃疡，从死神手里抢救出来的呀！如今，却被黑惠江一口吞掉。黑惠江啊黑惠江，为什么这么残酷无情，偏偏要和这些苦命的人过不去？

其实，李桂科第一次来山石屏，就意识到了一件事情，对于山石屏这些麻风病人来说，这条黑惠江就是一个黑色的隐喻。黑惠江阻隔了麻风病患者出村的道路，也阻隔了村外的人们对麻风疗养院的了解和关爱。"春风不度玉门关"，正是这道天然的屏障，如一道鸿沟，如一道魔咒，将这些麻风病患者与外界隔离开来，不得逾越，不得交通。什么时候，桥架上，路修通，里边的人可以自由进出，外边的人也没有忌惮，这道魔咒才算真正解除，山石屏的麻风病人才算真正地获得了新生。

40多年来，李桂科像燕子衔泥般不断在黑惠江上去去来来，就是要构筑一个梦想，他要通过自己的不懈努力，在黑惠江上架起桥梁，让两岸的路不再被江水阻断；在山石屏和社会之间架起一道精神和情感的桥梁，让山石屏不再是一个精神孤岛，最终回归社会怀抱。

从前，黑惠江上是有一座铁索桥的。据说，是清末杜文秀起义时，为了运送茶盐，拨1万公斤生铁，在黑惠江上建造的，"炼铁"之名也由此而来。人们以为建桥的铁是自黑惠江对岸的集镇而来，便把那里命名为"炼铁街"。其实，这是一个误解。1966年，黑惠江发了一场百年不遇的大水，将年久失修的铁索桥冲毁。此后，山石屏的人往返黑惠江只能靠渡船和溜索。麻风疗养院只靠8匹马，运送近200人的食物。如果是冬春季节的枯水期，马匹可以涉黑惠江到对岸；如果是夏秋季节江水暴涨时，只能绕道30多公里通过上游的黑惠江吊桥到集市上采购物资，往返得两天，还要在途中住一夜。

按理说，山石屏麻风疗养院的患者体内的麻风杆菌已经被全部清除，在医学定义上，他们已经不再是病人。此时，李桂科完全可以放手，将社会问题交给社会，不再继续管职责之外的事情。但他的良知和党性却让他不忍放弃，在社会的普遍认知上，还不认为那些麻风康复者已经"痊愈"，甚至那些康复者自己也没有从"患者"的自卑和精神病痛中走出来。

本来，李桂科就认为要想让山石屏的人走出麻风魔咒，首先要打通与外界的通道。李桂科刚到山石屏不久，便和麻风病患者及其家属自己动手，男女老少齐上阵，病残者搞后勤，用了1年多时间，挖通了3公里的进村道路，使得运输物资的车辆可以直接开到江边，再用渡船或马匹转运进村。这条路至今还为山石屏"服役"，已用混凝土硬化。山石屏麻风疗养院的农田在黑惠江两岸，在驻地的上下游，相隔2公里多，以前收种庄稼都靠人背马驮，很多麻风康复者又带着残疾，劳动很艰辛。李桂科又多方寻求帮助，挖通了到农田的机耕路4条共6公里。这样，三轮车可以直接开到农田里，方便、省时、省力，确实给山石屏村村民的耕种带来诸多便利。

路通了，但没有桥，还不能和外界畅通无阻。黑惠江沉船事故之后，就更激发起李桂科造桥的决心。但造桥又谈何容易，没有设计方案，没有技术力量，没有资金，没有材料，想架桥，就是纸上谈兵。李桂科把大伙集中到一起开会，和大家讨论怎样架桥。

李桂科说："桥是一定要建的，关键的问题是要向上级申请资金，还有，江上架桥必须要有资质的施工队来建。当前，我们要做的首先是筹集足够的资金。另外，我们可以先把桥板准备好，寻求帮助，大家可以共同出主意、出力来建桥，我相信咱们的桥会尽快建起来！"

于是，山石屏全体动员，黄升东负责到隔壁的西山林场协调来钢丝绳，疗养院出十多个手脚利索的人开着拖拉机把钢丝绳运回来；李桂科亲自动手给县里打了资金请示。对此事，县政府十分重视，派县交通局前来考察设计，并做了18万元经费预算。但由于县财政紧张，资金始终未得落实。最后，还是李桂科找到县林业局申请援助，又找到苤碧乡出去的高级工程师杨云昌免费做了设计，找到一家只收成本费用就给施工的单位施工建设。

1995年6月，山石屏麻风疗养院人行索道桥终于建成。竣工那天，村民们在桥上来来回回走了好几趟，好多年迈的老人在李桂科等医生的搀扶下，到桥上走走摸摸。自1953年以来，他们从没有去过江对面，此时此刻激动得流下了眼泪。从此，山石屏人可以自由往返黑惠江两岸，外边的人也可以随时进来。人们靠渡船、溜索出入疗养院的场景再不会出现，山石屏不再与世隔绝。有很多日子，山石屏人早上起来，都要到桥上走到江东，再过桥返回。

岁月流逝，不知不觉中李桂科已经和他曾经的患者一同在山石屏老去，但李桂科走在街上时，仍然能听到有人很亲切地喊他叔叔或伯伯，那是又一代的山石屏人。如今，李桂科不再为他们的父辈奔忙，而是为了他们，为他们走出自卑，为他们的教育、升学和前程而奔忙。

这些年，李桂科看着这些孩子在歧视和自卑中长大，心里十分难过。每当孩子们在学校受到同学的孤立和诋毁，每当孩子们偷偷跑到江对岸看电影被人用石头打出来时，他都要抚摸着孩子们的头，以一个医生或山石屏外社会代表的身份给他们以精神抚慰和鼓励，让他们增强自信心，积极向上，勇敢面对生活和未来。

山石屏没有学校，李桂科千方百计寻找可以教课的教师；没有教室，他到处游说，寻找建校的赞助资金；小学结束后，他又到外边给孩子们联系学校，身体残疾的家长不方便开家长会，他代替家长去开会；孩子们受到歧视，他出面去学校和老师交涉；孩子考大学不会报志愿，没有学费等，都是他负责出面解决，甚至大学毕业他还要负责联系接收单位。

麻风康复者李桃珍的孩子在学校被同学歧视、欺负，回来后便不想再去学校读书了，无论家长怎么做工作，孩子也不去上学。李桂科听说后，来到李桃珍家，拉起孩子的手就去路边搭车："走，我陪你去学校！"

到学校之后，李桂科请求老师给他半节课时间，讲讲山石屏的情况，讲讲麻风病可防、可治、不可怕，讲山石屏早已经没有麻风病人，山石屏的孩子都是健康人，讲同学们应当有良善之心，更加善待山石屏来的孩子。

那些欺负山石屏孩子的学生，都低下了头，承认了自己的错误。

有了李桂科的引导，李桃珍的三个孩子都发奋读书，考上了大学，相继入职，在文山和昆明上班。他们的高考志愿，都是李桂科帮他们参考填报的。

2006年，山石屏子弟宋荣坤考上了洱源一中高中部。因为家庭特殊，父母从来没到学校看过他，李桂科便成了家长。每个学期开学，李桂科都为他准备好碳素笔、作业本、笔记本、草稿纸等文具。周末和节假日都是李桂科来照顾他的生活，也辅导他的学习。孩子患有鼻炎，一到冬季就发作，李桂科就利用周末孩子放学的时间，带他到县中医院、县人民医院治疗，检查费和药费都是李桂科自己掏腰包。开家长会，又是李桂科按时出现。高考成绩出来，他觉得不理想，又想到父母年迈多病，便无心填报志愿。

李桂科知道宋荣坤放弃后，很生气。李桂科问宋荣坤："你这样轻易放弃，对得起父母吗？对得起你十年寒窗苦读吗？就这样回去山石屏，你还有什么出路？"

"李叔叔，我想算了，高考成绩也不理想，读不上好的大学，读书还要有一笔费用，出来也不一定找得到工作。我还是回去照顾爹妈吧！"宋荣坤说。

"照顾爹妈有你姐和姐夫，我也在呢！你姐为供你读书，小学读完就辍学回家干活，你说你就这样放弃了，对得起你姐吗？"

面对"李叔叔"的良苦用心，宋荣坤低下了头。后来，李桂科帮他斟酌，报考了德宏职业学院，被成功录取，又帮助他申请学生贷完成了学业。毕业后李桂科又帮助他四处奔波联系工作单位，终于入围了洱源县医学检验的事业编。为了能让宋荣坤顺利通过面试，李桂科特意找人对他进行了连续几天的模拟面试。面试前夜，因为宋荣坤家境困难没有体面的服装，李桂科特意跑了一趟商店给他买了一套新西装。

宋荣坤的面试顺利过关，成为洱源县一名在编医生。过后他才知道李桂科的女儿李袁萍也参加这次事业单位招考的面试。但李桂科为了辅导宋荣坤，顾不上自己的女儿。结果宋荣坤顺利通过面试，而李袁萍落榜。知道结果后，宋荣坤愧疚无比。

转眼山石屏已经多年没有麻风感染者了，但山石屏三个字一出现，在人们的脑海中仍旧是个麻风病的代名词。看来，这根深蒂固的歧视与偏见，还是需要付出更多的努力才能一点点涂抹掉。为此，李桂科利用一切可利用的时机宣传麻风病可防、可治、不可怕的科学道理。他每年都编印宣传资料，通过乡镇、村防保医生发放张贴。还编印了《基层医生麻风防治手册》，培训乡村干部和乡村医生，通过他们向广大群众宣传麻风病知识，消除人们的恐惧心理。

为了消除病人的自卑心理，增强他们融入社会的信心，李桂科通过"请进来、走出去"两种方式打通山石屏与外部世界的障碍与隔阂，利用一切机会疏通了解、交流渠道。通过"乡村公益之旅""国际尊严尊敬日"等活动将外边的人邀请到山石屏；又分期分批带麻风康复者走出去，参与广东汉达康福协会在昆明、大理、丽江组织的各种活动；组织他们到多个城市旅游观光，到昆明、下关（今大理市）、北京、上海，开阔视野，吃美味佳肴；组织他们到外地考察生态种植、生态养殖，提高农业技术技能，还把山石屏的农副产品带到外地参与展销……

2013年3月3日，炼铁街发生了数十年不遇的大地震，史称洱源"3·03"地震，随着轰的一声巨响，灾难应声而来，山石屏大部分破旧的房屋尽皆倒塌，幸而没有人员伤亡。随着抗震救灾队伍的大批进入，人们只顾奋力抢险，似乎忘记了山石屏的历史。也算因祸得福，灾后重建，在党和政府的关怀下，山石屏的街道和房屋焕然一新，每一个山石屏的村民都住上了两室一厅上下水功能齐全的崭新楼房。蓦然回首，人们发现，山石屏与外界之间最后一道无形的墙也已经彻底坍塌。

2014年，山石屏经过灾后重建，不再称麻风疗养院，改名为山石屏村。从此，麻风村、麻风疗养院这些词语成为山石屏的历史。一段段辛酸的岁月被彻底埋进历史和人们的记忆深处，一道魔咒也随之被封在一个玻璃瓶里，永远不再重返人间。

已经退休的李桂科，仍然在山石屏忙碌着。人退了休就要回家，李桂科说，在他心里，40年前山石屏就已经成为他的家了，自己人生的余年和归处都应该是这倾注过毕生心血的山石屏。于是，几年来他和从前一样仍为山石屏的事情整天忙碌着。

经过几十年的努力，山石屏曾经的麻风病患者如今已经彻底消失了，但他还是感觉在山石屏这个小山坳里，仍有很多钻石般闪着光亮的东西没有消失。它们散落或隐藏在这里的角角落落，白天夜里散发着隐约的光芒，很长一段时间他无以命名，只是觉得不应该让它们被层层飘落的岁月尘埃埋没掉，更不应该转身离去将它们弃之荒野，而是要通过某种方式将它们保存下来。

于是，他开始着手建立一个麻风病历史博物馆，让那些往昔的旧物，包括各个时期的房屋、生活用品、医疗器皿、残存的药物、大量图片、土法办学的桌椅、为老人们准备的棺木，甚至树木、山石、水池等，都按照时间的秩序站到一个个合适的位置，并集体勾勒出一段非凡的历史轨迹。可是，这些历史遗迹或轨迹又能清晰地告诉后来人一些什么呢？

某日，李桂科站在一间摆满了旧物的展室里，拿着一个歪歪斜斜不成样子的竹编粪箕，久久沉思。那是麻风康复者张文彪用他残缺不全的手花了别人十倍的时间编织出来的。他看到别人都在用自己的双手为山石屏做着各种各样力所能及的事情，他也要证明一下自己的存在价值。李桂科突然眼前一亮：这许多年以来，他自己能够在山石屏坚守下来，又何尝不是在时时受着这些患者和康复者的激励和影响呢？原来，他们是相互激励、相互成就，才有了山石屏的今天。

渐渐地，一行同样闪烁着光芒的字句在李桂科的脑海中清晰起来："以院为家，和睦相处，尊重生命，热爱生活，与人为善，自强不息。"这就是在 40 年岁月中凝结出来的山石屏精神！

柯卫东

老柯的这个春天

叶　梅

　　老柯的这个春天是从那场冻雨开始的。在柳梢悄悄冒出绿芽的日子里，渐渐热起来的感觉很明显，鸟儿欢快地飞过，将一串串清脆的鸣叫声带上青天；小虫子也纷纷出动，在郑店的小草上可以看到它们忙碌地爬行；人的双脚踩在田埂上，似乎能察觉到大地的脉动，万物复苏。但出人意料的是，这个初春非同寻常，天空突然改变了颜色，轻盈的白云被厚重的乌云替代，一团团棉絮似的灰暗云层聚集着裹缠着，没边没沿。老柯抬头看去，他心想，会有一场大雪吧。

　　但随之而来的不是大雪，而是极为少见的冰雹似的暴雨，后来才晓得，这场雨叫冻雨。当一粒粒坚硬的雨珠从天际降落之时，竟然摇身而变为锐利的冰碴，打落在地又很快凝结成冰，覆盖了江汉平原。与土地打了几十年交道的水生蔬菜专家老柯，眼睁睁地看着冻结的土地，心急如焚。他连续几天睡不着觉，火从心底冒出来，眼睛发红、嘴角生疮。他真想将这把火捧到田里去，化开那些严实的冰块。那里是他和同事们多年精心打造的国家水生蔬菜种质资源圃（武汉），有许多在他看来无比珍贵的种子、胚苗。

老柯，叫柯卫东，1963年生人，清瘦劲朗，走起路来步伐矫健，仍带着年轻的活力。他1984年从华中农学院毕业来到武汉市农业科学院蔬菜研究所，师从我国著名蔬菜研究专家孔庆东先生，从事水生蔬菜资源与育种研究已经整整40年了。

柯卫东受人尊敬，也被人喜爱。不到30岁时，所里的人就开始叫他"柯老"。那时蔬菜所有两位德高望重的老专家——孔庆东、肖斯铨，人称孔老、肖老。每天中午肖老喜欢找会下围棋的柯卫东陪他走走棋，所里人凑到一旁观看，乐呵呵地将年轻的柯卫东也叫作了"柯老"。后来大家都说蔬菜所里有"三老"，透着一种亲热，一叫就叫到了现在。

40年来，在全国水生蔬菜领域里，低调谦虚的柯卫东曾担任国家公益性行业（农业）科研专项"水生蔬菜产业技术体系研究与示范"项目、科技部"十二五"国家科技支撑计划"水生蔬菜高效生产技术研究与示范"项目首席科学家，"十三五"国家特色蔬菜体系遗传改良研究室主任，莲藕品种改良岗位科学家，取得了一系列科研成果。2023年7月，柯卫东当选中央中宣部、中国科协、科技部等部门发布的2022年度"最美科技工作者"。

他有些不知所措地说，真没想到。

一、种质资源的"诺亚方舟"

老柯自己没想到，但大地已经记录了他辛勤的足迹。

湖北享有"千湖之省"的美誉，江汉平原上的湖泊就像撒落在大地上的一颗颗珍珠，"洪湖水呀浪打浪，洪湖岸边是家乡。遍地野鸭和菱藕，秋收满畈稻谷香"，湖水荡漾，莲花开放，是人们常见的美景。但只有农科院的科研人员知道，水生蔬菜资源曾经存在的种种危机。

顾名思义，水生蔬菜即为生长在水环境中的蔬菜，比如莲藕、茭白、芋、荸荠、菱等，这些水灵灵的植物是我国在世界上独具特色的传统蔬菜，千百年来为人们所喜爱。但这些看起来可爱、吃起来爽口的水生蔬菜长起来却并不容易，且多为无性繁殖作物。40年前，国内只有极少数高校和科研单位从事相关研究，水生蔬菜种质资源也未曾被系统收集，以致许多优异的地方品种和野生品种濒临灭绝。柯卫东就是这时踏进水生蔬菜研究所的大门的。

他出生在一个知识分子家庭，父母也都是踏踏实实的科研工作者，并不娇惯孩子。柯卫东从小跟随父母在山野里钻进钻出，晒出一身黝黑的皮肤。即便如此，他1984年夏天到了蔬菜研究所仍然难免惊讶，这里没有想象中的试验室、办公楼，有的只是泥泞的小道、蚊蝇飞舞的沼泽，而且报到的第一天，孔老就让柯卫东到百花园（当时的蔬菜引种圃）去学习种菜，听从一位龙师傅的调遣。龙师傅其实也是一位科研人员，但看上去就是一位两脚踩泥，样样活计拿得起的老农，见面就问他："你知道什么叫田，什么叫地吗？"21岁的柯卫东不知该如何回答，龙师傅说："有水的叫田，无水的叫地。田和地都可以种菜、种粮食，人都离不了。"

水生蔬菜研究所就是跟"田"打交道。

柯卫东学着龙师傅的样子，赤脚踏进田里，踩出一身泥，渐渐地，觉得眼前的大地跟自己越来越亲昵。你看只要播下种子或栽下小苗，土地就会毫不吝啬、源源不断地供养"乳汁"，让其生长。

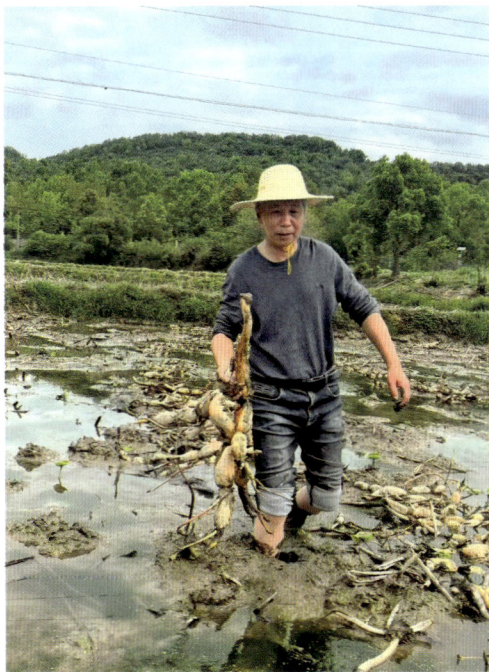
▶ 双脚都是泥的柯卫东在大田选种

对大自然所有的生物而言，天空好比父亲，大地则是母亲，农业科研是与土地和农作物打交道，也就是跟大地母亲和她的孩子们打交道，这是多么了不起又多么有趣的职业啊！

武汉市农科院水生蔬菜研究起始于20世纪80年代初期，创所元老之一孔庆东对这个满脸稚气但有着清澈目光的年轻人寄予厚望。那时恰逢湖北莲藕腐败病大暴发，孔庆东决定成立莲藕组，开展莲藕育种及栽培研究，柯卫东很快成为莲藕组的骨干。他跟随在孔庆东身后，眼见70多岁的孔庆东亲力亲为，到野外收集水生蔬菜资源，也是一身水、两脚泥，心中暗暗感动，更重要的是，他逐渐意识到，收集保护包括莲藕在内的水生蔬菜的种质资源时不我待。

农业现代化，种子是基础。种子是农业的"芯片"，而农作物种质资源则是"芯片"中的"芯片"。农作物种质资源是种业安全的基础性资源，是生命科学原始创新及生物产业的物质基础；一个国家拥有作物种质资源的数量和质量，以及对其了解的程度，是衡量一个国家农业科学和育种水平的重要标志。

这个春天,我从北京到武汉郑店,在国家水生蔬菜种质资源圃的田间,见到了柯卫东,话题自然围绕着水生蔬菜。他满脸严肃,说有学者估计,现在世界上的生物物种正以惊人的速度走向濒危甚至灭绝,而农作物栽培品种正以每年15%的速度递减,消失的农作物基因资源或许永远无法找回。

稀有特异种质对育种成效具有决定性作用。回顾20世纪,农业品种的每一次重大突破,无一不是得益于关键性种质资源的保护、发掘创新与利用。

所以,农科院目前所做的包括水生蔬菜种质资源圃的建立和保护,极为重要。

他还告诉我,近百年来,全球建立包括各类保存库、种质圃1750余个,保存各类种质740万余份。据称挪威斯瓦尔巴全球种子库建在距离北极点1000多公里的斯瓦尔巴群岛地下深处,其海拔130米左右,是确保全球粮食安全的最后一道防线。目标是为世界各国种质库保存的种质提供备份,被形象地称为"末日粮仓""世界末日种子库"。这座种子库旨在保护农作物多样性和应对小行星撞击地球、核战争等灾难。

在中国,新的国家作物种质库已于2021年建成运行,是全球单体最大最先进的国家级作物种质库,容量为150万份,将满足未来50年5000个物种的种质保存,被誉为种子的"诺亚方舟"。在湖北武汉,先后建立了国家油料作物种质资源中期库、国家野生花生种质资源圃、国家猕猴桃种质资源圃、国家砂梨种质资源圃,由武汉市农业科学院承担的国家水生蔬菜种质资源圃也是其中之一。

该水生蔬菜资源圃收集保存国内外莲、茭白、芋、菱、荸荠、蕹菜、慈姑、水芹、芡实、豆瓣菜、莼菜、蒲菜 12 类水生蔬菜种质资源 3000 余份，含 10 科 13 属 32 种 2 变种，是目前世界上保存水生蔬菜种类、生态型、类型和资源数量最丰富的资源圃，挽救了一大批濒临灭绝的水生蔬菜种质资源。

而这些资源，都是多年来柯卫东领着团队四处收集得来的。

那些稀有的野生水生蔬菜品种大都生长在野外，甚至是人迹罕至的深山，林草茂密的河溪之畔，要到那些地方，得搭火车、坐长途客车，然后爬坡下坎行走数十里，还得携带沉重的照相机、GPS、钢卷尺、塑料标签、原始记录卡、测高表、种子袋、工兵铲等器具，以及必要的生活用品及常用药品。

每一次采集，都似乎是一次野外冒险，不仅辛苦负重地从一个地方到另一个地方，有时候还会遇到防不胜防的伤害，草丛中突然钻出的毒蛇猛兽，湖区隐藏的血吸虫，都让他们不得不格外小心，但明知有险，偏向险行。

有一年冬天，柯卫东带着小分队到湖南莽山收集野生莼菜资源，莽山位于湘粤交界，地形复杂。第一天小分队从住地沿水域徒步走到天黑也未见莼菜的踪影，风却来了，几个人冻得瑟瑟发抖，眼看就要没吃没喝地困在这黑咕隆咚的山里。柯卫东临危不乱，带着大家摸黑寻找来路，夜深才回到住地。第二天找了一位护林员做向导，又马不停蹄地再次进发，山里的天气，一会儿下雨，一会儿出太阳，但步行几十里仍然未见野生莼菜，有人就打起了退堂鼓，柯卫东鼓励大家再坚持坚持。根据当地环境和气候，他判断这山里应该是有的。果然终于找到了苦苦寻觅的野生莼菜，大家双脚踩着泥水，将那一根根莼菜捧在手里，见那小小的叶片盾牌一样支棱着，根茎则由绿渐化为柔和的紫色，娇嫩而又滑韧，就像寻到了稀世珍宝一样，满心都是激动和喜悦。

为了这一刻，所有付出的辛劳都值得。白天从河边、沼泽里搜集到一株株植物，晚上无论怎么累，都得对当天收集的资源进行整理，这一整理常常都会持续到深夜。

数十年来，柯卫东就是这样带着同事们一次次背着行囊走入山野或湖泊之间，历经千辛万苦将寻觅得来的宝贝一件件请进水生蔬菜研究所的资源圃，如同梁山好汉排座次似的，给它们编号落座，让它们从此得到研究所全体人员的精心呵护。

二、时时放心不下

据气象预报，"2月1日至2月5日，我国中东部地区将遭遇今冬以来最大范围、最长时间的雨雪天气过程……冻雨面积大。我省降雪具有极端性，对在田水生蔬菜带来不利影响。"

▶ 柯卫东（右一）带领团队
检查资源冻害

这个初春，从天而降的冻雨让柯卫东十分警惕。

他平素不止一次对所里人强调，资源保存的任何一个环节都不能出问题。一旦资源混杂或丢失，几十年的工夫就白费了，说严重一点将会造成国家资源不可弥补的损失。我们要对资源的保存有一种"时时放心不下"的责任感。

年满 60 岁，他已经从水生蔬菜研究所副所长、研究室主任的位置退了下来，但武汉市农科院确定，柯卫东仍是研究所首席专家。老柯其实对名分从不在意，当不当领导，他都会站在科研第一线。

夏季高温、突发大雨，冬季大雪的天气，他经常会睡不着觉，半夜惊醒，这已经是柯卫东的职业病了。或许是因为睡眠不深的原因，他很早就花白了头发。多年来，他养成一个习惯，一些重要的事情和细节怕忘记，会提前记在工作日志上，久而久之，已经写过几十本日志了。

眼下正在使用的是一个黑色的大笔记本，采访他时，我发现老柯就放在随身挎包里，我说，能不能让我看一看？他略加思索后，笑着说："不好意思，太、太潦草了，你不见得看得清。"老柯的眼神和笑容明澈单纯，总带着一股孩子气，并不设防。

于是我试着坚持了一下，他便从挎包里拿了出来，这本是从去年夏天开始使用的，封面上印着"工作日志　武汉农业科学院"的字样，扉页上印着"热爱农业，潜心科研，扎根沃土，甘于奉献"，里边密密麻麻地已经写了大半本，横的竖的大字小字，不拘一格，画圈标号，字迹龙飞凤舞，确实如他所说，只有他自己才看得清。

冻雨来过两回，一回延续好些天，老柯的工作日志上增添了好些个惊叹号。

我们要做种质资源的"诺亚方舟"！

覆盖薄膜，防止冻伤！

清理田沟，做到明水能排、雨住田干、沟无积水！

低洼田块，开挖"田"字或"井"字沟，以免积水浸泡……

还有，莼菜调查及照相，缸内杂交材料调查及新品系扩繁，试验池藕的处理，周末雨可能在夜间，等等。

那些日子里，水生蔬菜研究室接替柯卫东的两位主任，也是他的学生和得力助手——朱红莲和匡晶，还有一些年轻科研人员都会不时收到柯卫东的短信："预警！暴雨雷电将到……""预警齐发！雷暴大雨 +8 级大风来袭""明天晚上有雨，注意池水""要到现场看看"……在他的不断提醒下，水生蔬菜研究室对种质资源的保护更是采取了一系列措施。

正月初十那天在郑店，老柯忙得不可开交，主任朱红莲带我去现场看看。地面还结着冰，快言快语的朱红莲一路说着"小心脚下"。道旁立着醒目的提示牌："国家水生蔬菜种质资源圃（武汉）"。进到圃里，需经过一道铁栅栏，这意味着闲人免进。朱红莲叫人打开铁栅栏，我们进到了资源圃，只见棋盘格式的水池——可栽种莲藕和其他水生蔬菜的水田，从跟前一直延伸到远处，带着冰碴的水面倒映着日光，明晃晃的，每一格里都是一个独有的品种，朱红莲说："我们叫它'资源'。"

哦，看似平常的水田里却是深藏着的珍稀。

这些"资源"在科研工作者的每日陪伴下，悄然生长。让人震撼又感到奇特的是，在那平静的格子水田旁，还排列着一行行"陶缸大阵"——几千口赭石色的陶缸，列队如强壮的兵士，在冰雪中站立着。每一口缸里也藏有一种"资源"，是水田里那些"资源"的"备份"，也就是说，为保护"资源"，科研人员要力争做到万无一失。有的缸被稻草捆扎，有的缸被白色薄膜包裹，像一个个胖嘟嘟的雪娃娃，在这个寒风凛冽的初春，它们安然无恙。

柯卫东和他的同事们以"时时放心不下"的责任感，使得"资源"们度过了这个天气异常的冻春。

过了3月，郑店的"资源"圃里响起了一阵阵笑声，柯卫东穿着一件灰蓝条格的毛衣，外套一件灰色夹克就下了田。他一年四季就那么几套衣服，这个冬春之时，也总是这么一身穿戴。他

▶柯卫东（右二）选出优异种质资源

和一班年轻人开始下田忙碌了，每年的 4 月都是水生蔬菜研究室最忙的时候，趁着天气和暖，要从格子水田里选种、鉴定、试验。农家的大田可以机耕、牛耕，而农科院这资源圃里的"小格子田""大缸土"却不可以，只能靠柯卫东和他的团队，用小锄头刨，甚至用手掰。

最费体力的，是给几千口大缸里的"资源"翻土，要将一口口沉甸甸的大缸翻转，倒出种质和泥土，然后疏松、检验。倒一口大缸需要 4 个壮劳力，他们脚穿齐大腿的深胶靴，站在缸的四周，一人抬脚踏住缸沿用力往下一踩，旁边 3 人则朝他的方向使劲一推，大缸里的水和土就"轰"地倒了出来。接下来，老柯和科研人员要对这一堆堆泥土里的莲藕、芋、蒲菜、慈姑、荸荠等"资源"，一个个予以鉴定评价，进行莲藕等作物"资源"调查和试验数据采集。今年又新增了 3000 口"资源"保存缸，工作量也相应增加。

还有那块大约种了 800 份芋资源的地，要挖出来重新换地种植，对每一份"资源"都要进行性状调查。芋每年都要换地，其他作物则 2—3 年换一次，挂牌移栽不能出任何差错。

如同农人的春耕，每年如此。每天从早到晚都泡在田里和试验室里，是他们最累但也是最快乐的时光。

老柯也不得不承认，真有点累。一连好多天老柯都住在郑店的宿舍，晚上看看球，出去走走，以此来解乏。那天经过水泵房，发现里面有动静，进去一看，只见一只鸟儿在扇着翅膀扑腾，不知何时飞进来的小斑鸠，找不到出去的路，在水泵房里迷乱地东奔西闯。老柯趁它低飞时一把抓住了，然后轻轻地捧到屋外，朝着旷野放飞了。随着鸟儿的高飞，老柯的心情也轻松了许多。

三、草帽哥

　　路上虽然结着冰，开车都有些打滑，但这个春天仍然有人络绎不绝地到郑店来找老柯，他们有的是从种植到加工经营水生蔬菜的乡村企业家，有的是专门种藕的农民，从仙桃、黄陂、汉川等地，远近不同，操着各地的乡音，要请老柯帮忙选种。他们走进老柯的宿舍，除了说种藕，也拉家常。

　　郑店隶属武汉江夏区，从前这一片属武昌县，算是武汉这座特大城市的郊区，这里丘陵起伏，沃野广布，兼有湖泊池塘，养得鱼肥虾跳，十里荷香。武汉市农科院的水生蔬菜研究所20年前从城区搬到郑店，研究所为大家安排了临时宿舍。老柯的房间里很简陋，墙角堆放着一摞敞开的纸箱，上边斜放着一顶草帽，纸箱里放着大包小包的种子，与其说是宿舍，倒像是库房。但也能看出老柯这人的小情趣，窗台上摆放了三个小而圆的草团，柜子顶上立着一个暗黑的雕塑似的物件，一问却是鸟儿、蜜蜂废弃的鸟窝和蜂巢，桌上还摆放着一盆黄褐色干花，两朵荷花一枝莲蓬，都是老柯冬天从"资源"圃里捡回来的。

　　我看老柯在每包种子的纸袋上都写了标号，以及种子的名称：精心培育的鄂莲1—14号，我国选育的首批藕带莲专用新品种白玉簪1—3号，还有江汉平原上传统的老品种沔城莲藕、巴河藕、黄湾贡藕等。这些种子在所里的种子库里都有，但老柯习惯自己也留有备份，每天看不见，心里就不踏实。

　　所里的年轻人都非常尊敬柯卫东，但不怕他，喜欢跟他一起下田、外出，常开个玩笑。隔壁住着的老柯的学生小邢说，常常都半夜了，还能听见隔墙屋里有动静，他想柯老师说不定又在检索那些种子了。

来郑店找老柯的人会问道："柯老师，今年还是得请您出主意，我们那个地方种哪个品种？"他们跟老柯相识已有多年，有的叫他柯老，有的叫他柯教授、柯老师，每个人与老柯的相识都有一段故事。

在武汉新洲区一个乡村里长大的老熊，早年尝试过做小生意，开出租车，但都没能挣上钱，心里焦愁得很。有一天他漫无目的地开着出租车乱转时，打开车载收音机，偶然听到农科院有一位柯专家教农民种藕，不由得怦然心动。他第二天就开始四处打听农科院，直接找到郑店，找到了老柯，说："教教我吧，我也想种藕。"

本打算只是试一试，没想到人家柯所长虽然是大科学家，却一点架子都没有，丝毫没有看不起他这位突然找上门的陌生人，热心地接待了他，从此领着他这个种藕"小白"练了20多年的本事。在老柯的指点下，有头脑、手脚勤快的老熊从出租车司机到莲藕种植个体户，再到莲藕合作社董事长，他栽种莲藕的面积逐渐达到2000多亩，每年产值达千万元，成为当地的致富带头人，还当选为区政协委员。

每年一到春天，老熊都会到郑店来请教老柯。老柯也会去他栽种的藕田实地指导，多年来从未间断，他们一起观察藕的生长，讨论市场的反馈，然后确定来年的种植方案。

采访老柯期间，我也随他们一起到了新洲涨渡湖。老熊的藕田一望无际，天气阴冷，但田里有人在挖藕，田埂上有人在抬藕、把藕装上货车。看得出来，往车上排放那一节节带泥的鲜藕是个辛苦的技术活。两位系着围裙，戴着袖套，脸蛋红扑扑的女子手段高超，一边说笑着，一边将一根根长而支棱的泥藕码得齐整，就像一面不断加厚的墙。虽然很累，但挖藕人的脸上都有忍不住的收获的喜悦。

涨渡湖挖出的鲜藕会运往全国各地，老熊说，眼前这车装得满满当当的藕便是运往广州的。当天发车，凌晨时分就会进到市场的地下车库，明天一早就上了市，保证广州的市民能吃到他们栽种的好味道。

老熊站在田埂上，环指着四周的藕田："我们种的藕都是柯老师他们培育的好品种。粉的煨汤，脆的凉拌，炒藕片……可以做成上百道菜。莲藕全身都是宝，藕带、莲米、藕粉，现在供不应求。"

在老熊合作社的会议室里，靠着一面墙的玻璃柜里摆满了金光闪闪的奖牌，墙上挂着一条横幅：技术培训"强脑袋"，产业发展"富口袋"。老熊当着我的面，紧紧握住老柯的手说："这都是柯老师指导得来的。"

老熊已跟涨渡湖的乡亲们商量，信心十足地还要扩种 1000 亩藕。这意味着更多在外打工的乡亲将返回乡村，脚踩在家乡的土地上，依靠科技和勤劳创造财富。

正月在郑店，我还碰到了汉川来的老王，他也是来看望柯老师并请教今年的"香粉"种植的。老王担任董事长的农业开发公司，可以支配的土地已达到了 1 万亩，藕田是其中的一部分。而早些年他却是干屠宰这一行的，也是听说柯老师选育的藕有市场，才改了行，现在人称王总。

王总请老柯在汉川建了专家工作站，田里若有了问题用不着发愁，随时可以把专家请到田头。料峭春寒时节，老王却红光满面地说，柯老师他们选育的藕，大大提高了产量，过去藕亩产 2500 斤，鄂莲 5 号上市之后，产量达到了 4500 斤。他扳着指头如数家珍，鄂莲 6 号皮色好看，鄂莲 9 号是"巨无霸"，都是早熟。还有一种晚熟的，叫"抱子藕"。

这些藕的品种名字听来很有趣，都是老柯和他的助手们取的。

就跟新生儿取名一样，老柯给每一个新品种命名都很用心，也很兴奋，调动了从小爱读的中华诗词及牵动情感的联想。有一个在疫情防控期间研制培育出的新品种，老柯特地取名为"大白"，一来这藕洁白如玉，二来更是为了纪念抗疫期间的白衣天使。

▶ 柯卫东（前排中）和青年科技人员交流育种经验

研究所的工作首先是保护"资源"，然后是从"资源"中选育推广优良新品种，老柯对四面八方来的农民兄弟一直都是笑脸相迎。

从 20 年前开始引种老柯选育的鄂莲系列新品种，全国种藕的企业大都与老柯的团队有了联系，有一位从福建来到湖北蔡甸的种藕大户李总，自称"藕先生"，开播了种藕视频，把老柯教授的藕科技也放到了视频里，很受网民欢迎。

老熊、老王、藕先生这样的"藕朋友"，近处的、远方的，数不过来。有一位研究油菜的科学家说过一句话："农业科研工作就得围着农民转，围着土地转，围着发现问题和解决问题转。"老柯对此话非常认同。为了推广莲藕品种，他曾经在乡村一住就是几年，每天跟农民吃在一起、干在一起，不认识的人会以为他就是当地的农民，而熟悉他的人更是把他当作了自家人，叫他"草帽哥"。

今年春季，老柯又乘车去了一趟江西广昌。广昌是革命老区，也是我国"子莲"种植面积最大的县之一，他们种植的广昌白莲，已是国家地理标志产品。老柯他们研究室与广昌的合作已有 20 多年，共同进行农业部（现农业农村部）的项目。2017 年中国农业科学院蔬菜所方智远院士在广昌建了院士工作站，委托柯卫东管理。后来当地就请老柯继续办专家工作站，老柯不辞辛苦地一次次前往广昌，他的指导已化作了广昌荷香。

四、众里寻他千百度

面对我的采访，老柯几次说："我们每天做的就是这些事，真没什么值得可写的。"

在他看来，他和他的团队所做的科研是漫长而又单调的，几乎每天都做着田间或室内鉴定、选种等同样的事。说起来是创新，但周期长，出成果慢，育成一个受到市场欢迎的莲藕品种，至少要6—8 年时间，也可谓"十年磨一剑"。在这个过程中，需要有足够的毅力耐得住寂寞。而且与此同时，成功的选育只是一部分，还有很多项目耗费心血而最终却未能成功。

前几年，我曾因撰写《北京正负电子对撞机建造始末》而采访到我国一批高能物理科学家，我发现柯卫东与他们一样，都是最能耐得住寂寞，并能经受得住失败的人。本杰明·富兰克林曾说："科学家犯错和失败的次数比其他任何人都多，但他们从中获得的知识也是最多的。"这些年，令老柯他们欣慰的是，他们的付出没有白费，他和他带领的团队不辞劳苦、不怕失败，成功培育了一系列莲藕的新品种。

香气扑鼻的排骨莲藕汤是湖北名菜，而老百姓希望煨汤的藕要"粉"，口感会更好。原本要到 9 月以后才能荷香微散，粉质莲藕才成熟。而为满足大众口味，老柯他们精挑细选地培育出了令人惊艳的"香粉"系列莲藕，不仅口感粉糯，并且在其他季节也可产出，百姓们一年四季都能尝到"粉藕"汤的好味道了。

藕带爽脆甘甜，还可以加工成年轻人喜爱的小食品，十几年前，具有前瞻意识的老柯就带领团队开展"藕带莲"品种的选育，成功选育出优质高产"白玉簪"系列。近年随着藕带加工产业兴起，藕带需求量大增，受到人们喜爱的"白玉簪"也随之大面积推广。

4 月将近时，老柯和团队人员在郑店田间选择各种类型的品种进行品质和农艺性状鉴定评价时，发现了一个令人兴奋的单株，皮白、节长而匀称，粉质细腻，香而微甜。他在发给我的短信中写道："众里寻他千百度，找他好久了。"

我注意到老柯将那藕称作"他"，仿佛那是一位久违的朋友。

我问，找到"他"之后，将会怎样呢？

老柯说，一是作为新品种直接应用，二是作为亲本，再由此选育更新品种及科研，他的特点还有待挖掘，现在只是种在6平方米的小池里，还要请他在大池、大田及不同生态环境下生存，观察鉴定其性状表现，对他的外观、营养品质、抗病性、优良性状的遗传规律也需要进一步鉴定，还要通过杂交构建群体进行研究。

老柯再一次兴奋地说，这是我们找了多年的，希望得到的"资源"。

武汉农科院水生蔬菜研究所每年春秋两季都会召开优异种质资源和新品种展示会，全国种植大户及各地的反馈都会如潮涌来。明媚的春光化开了冻结的冰碴，郑店的田埂上点缀着野花，"莲藕优异种质资源和新品展示会"在漫天春光里如期举行，中国农科院、广西农科院、金华农科院等国内一些科研机构派来专家，与老柯他们进行一轮轮有益交流。

其间有几件事引人注目：

一是送在当地灭绝了的蔡甸"莲花湖藕"回家。"莲花湖藕"是武汉蔡甸过去的老品种，如今，人们在勾起乡愁的同时也勾起对老味道的怀念，但"莲花湖藕"在当地早已无人种植。所幸的是老柯他们的资源圃存留着这个品种。人们如获至宝，引种回到蔡甸，牵动了许多人的心。一位主打经营有名的洪山菜薹的企业老总也把目光投向了"蔡甸莲藕",想把这个品种的加工和品牌打造等做大做强。

二是送提纯复壮的"黄湾贡藕"回原产地种植。这也是个老品种，若干年来，藕节越长越小，味道也越来越淡，但经过老柯他们"把脉问诊"，进行基因提纯复壮，再送回原地，预计明年就又有了人们期盼的原味。

三是资源圃又收集了一个地方品种——"汉阳州藕"。这藕早年曾收入资源圃，但严格的老柯觉得有点混杂，后来再去乡间寻找，却是再未找到，他一直心心念念。老天成全有心人，就在这个春天，他和团队的几位同志到蔡甸乡村，听说有位60多岁的老农还在种。后来赶紧去找老汉和他种的藕，经过鉴定比照，果然是几乎消失的老品种"汉阳州藕"，他们喜出望外地把这个品种请进了资源圃。种了一辈子藕的王老汉没想到省城来的科学家对他的莲藕这么看重，不由得也乐坏了。

在2022年度"最美科技工作者"的事迹一栏中，对柯卫东是这样介绍的：

潜心研究莲藕等水生蔬菜资源及育种40载，收集保存种质资源3000余份，建成世界上最大的国家种质水生蔬菜种质基因库；发明试管藕诱导方法及微型种藕繁殖技术，使莲藕每亩用种重量由250公斤降到25公斤，为农民每亩节约种苗成本近千元；选育莲藕新品种近20个，全国种植覆盖率85%以上，近10年累计推广面积4000万亩，取得社会经济效益2000亿元。显著提高了我国莲藕种植水平和生产效益，为我国莲藕等水生蔬菜产业发展、精准扶贫和乡村振兴作出重要贡献。

4000 万亩，2000 亿元效益，惊人的数字。

那些数据是随着一节节莲藕的生长而增长的，是老柯和他的团队几十年在大地上播撒的种子和心血，大地母亲懂得，受到珍爱的植物也懂得，它们得以茁壮，从南到北，自由生长，以丰厚的果实加以回报。

五、时间都去哪儿了

老柯爱说"我们团队"。

他说，农业科研需要一支实力雄厚、作风优良的科研团队、创新团队，科技人员之间的相互启发，可以极大地提高工作效率。

科学上的伟大先驱在心灵深处都是谦恭的人，他们知道，比起广阔的未知世界，他们的成就只是沧海一粟。老柯就是这样想的。老柯扎在团队的人堆里，从不以曾经得到的荣誉而自傲，与人交谈时透着自然随和，一个眼神便相互意会。他的助手、学生有时还会不客气地给他提个意见，说柯老，您的办公室脏乱差，尽是泥巴。

是啊，老柯每天都在田里泡着，哪能不带出两脚泥？格子水田里有了浮萍，老柯会蹲下身子，用手一把一把地捞；莲子成熟的季节，他会一遍遍地在田间梭巡，亲手拾起一粒粒掉落的莲子，为的是防止品种的混杂。

有次一不小心，他滑倒在稀泥田里，腰重重地磕在旁边的缸沿上，爬也爬不起来。只好叫旁边的人："来，拉老夫一把！"听他仍带着幽默的语气，其实腰间却在剧痛，到医院一检查，肋骨竟然裂了好几根。团队所有的人都很心疼，至今念叨起来，还唏嘘不已。

今年春节刚过完，老柯操心的事又多了一件，要给学生毕业论文做指导。他从 2003 年开始带研究生，是华中农业大学与武汉农科院联培导师，先后带出的近 20 名硕士生、博士生都已纷纷成为科研骨干，眼下的两名年轻学子正面临毕业，柯卫东在他们人生的关键时刻给予了最大的加持。他平时对人谦和，但对做学问要求严格，一位学生的论文是《莲种质资源遗传多样性分析与综合评价》，老柯看了不满意，让重写，还帮他改了前言。另一位学生因为进度慢有些着急，暗中还掉了眼泪，老柯提醒他说，一个人的成长需要过程，不仅需要深厚的专业知识和技能，还应该有丰厚的人文情怀和修养。

年轻人显然听进去了，在老柯的团队聚集时，他们笑脸阳光、谈吐坦率，在水生蔬菜领域里都有各自不同的研究方向。

老柯有一个不愿对外透露的小秘密，他有时候会写诗。

其实并不奇怪，老柯觉得自然科学需要人文科学的滋养，科技工作者除了要在专业领域下一番苦功夫，还要对其他领域有所涉猎，如文学、哲学、科学史等。老柯休息时爱下围棋、打乒乓球、听音乐、看电影、读书，还爱读古诗词。他知道很多有关莲藕的传说。

说一种"沔城莲藕"，原产湖北仙桃沔城，现为国家地理标志产品，当地流传"李白赠莲引神种"的故事。那年李白从白帝城飞舟而下，到复州，也就是如今的仙桃沔城镇拜访好友张谓，两人相聚在美丽的莲花池畔，诗仙大醉，梦里飞入广寒宫中得一莲蓬，醒后发现竟执于手中，遂赠予好友，而后当地便种出了美味的"沔城莲藕"。

还有一种"黄湾贡藕"，曾得到乾隆题诗："一弯西子臂，七窍比干心。"

有名的"巴河藕"，更是曾得苏东坡的青睐，有诗为证："巴河有藕天下奇，洁身方正举世稀；体长三尺无瑕疵，心多一窍有灵犀。神品有花难移种，灵根独恋故乡泥；七百年间为贡品，佳藕天成列御席。"

听老柯说这些故事和诗，我也想读一读老柯的诗。他起初不肯，说："我那些哪能算诗？别让您笑话。"但后来与他聊到种藕、挖藕人的辛苦，他忍不住说那年在江夏见到一对四川来的夫妻，常年在一家种植、加工莲藕的公司挖藕，不怕吃苦、汗流浃背的，妻子刘英还受到江夏人的表彰。为此他写了一首《赞"巾帼挖藕英雄"刘英》：武当村里花木兰，刘英美名江夏传；七月伏天采"香粉"，滚滚汗珠湿衣衫。拖泥带水玉藕出，谁说女子不如男；昔日秋冬煨汤藕，已是盛夏盘中餐。

老柯说，打油诗，活跃一下大家的气氛。

我说，我看写得有真情实感。

与老柯交流多了，老柯有一次问，我有一个缺陷，您看出来没有？老柯说，我有些口吃，一紧张就更加严重。

我说是的，但我并没有觉得这是一个缺陷。

相反，每当老柯说到他认为重要的事情时，他突然明显的口吃会使他脸上现出一种特别的执着和认真，似乎在有意强调某个词、某个字，显得可敬又可爱。

老柯的口吃是因从小跟着邻居家一个孩子学说的，几十年想改也没改掉，顽强地带着童真，伴随他到如今。他内心的底色，也仿佛还是那片纯真，只是多了大地的芳菲与万里荷香。

这些年，有好些高校要聘他为教授，也有好几家出版社约他撰写有关水生蔬菜的科技读物。他说行，但在人家一再催稿下却没有时间。

时间都去哪儿了？

很明显，他把时间都给了国家的种质资源，给了无数渴望帮助的农民兄弟。他是一位真正把论文写在了大地上的科学家。

前些日子，央视播出一则新闻："广西柳州，万亩春藕抢'鲜'上市"，女主持人和一群藕农站在没过膝盖的水田里，身后是无边的绿荷，翠绿的荷叶密密匝匝的，像是铆足了劲儿。他们弯着腰从泥水里顺着藕带，轻轻地掏出一根根长有 3 节的嫩藕，这是过完春节栽种的，经过 60 多天的生长，便可以品尝到的可口鲜藕。物以稀为贵，主持人和藕农们交谈着，说越新鲜越抢手，错峰上市供不应求，这早熟的藕产量也不低，每亩可挖到 1000—1500 斤，按市场价每亩能有一两万块钱的收益，这使藕农们即便辛苦也忍不住嘴角带笑。

老柯看到了这则报道，不无骄傲地说，这正是他们选育的鄂莲 6 号和鄂莲 9 号。农业科技界也都知道，不光是广西柳州，全国凡能种藕的区域，大部分都采用了老柯及他的团队培育的藕种，老柯就像一位点兵点将的"藕将军"，把藕种铺向了全国。

6 月中旬成熟的鄂莲"香粉""白玉簪"也都会相继上市，那时还会有满塘荷花的绽放，"秋花冒绿水，密叶罗青烟。秀色空绝世，馨香谁为传？"李白的诗像是在为老柯他们点赞。

老柯说，欢迎你们到郑店来尝新藕，看荷花。我不觉就想到那出淤泥而不染的莲花，跟眼前老柯这人似的，双脚踩泥而又一派明净。

马依彤

立在"心脉"上的誓言

雅 楠

引 子

科学，是时代的神经系统，是民族的强盛之基，谁先掌握科技，谁就等于先拿到了打开未来之门的钥匙。

2023 年 7 月 20 日，中央宣传部、中国科协、科技部、中国科学院、中国工程院、国防科工局 6 部门向全社会宣传发布 2022 年度"最美科技工作者"的先进事迹。

在这次"最美科技工作者"的入选名单中，新疆医科大学第一附属医院原党委委员、副院长，现新疆医科大学第一附属医院心血管病中心主任、新疆心血管病研究所所长、亚洲心脏病学会副主席、国务院政府特殊津贴专家、卫生部（现国家卫生健康委员会）突出贡献中青年专家、全国五一劳动奖章获得者、首批"全国高校黄大年式教师团队"主要负责人、全国杰出专业技术人才——马依彤教授赫然在列。

多么闪亮的名字啊！当中央电视台上出现马依彤的名字和照片时，相信全新疆人民都会为之感到骄傲和自豪，因为他是新疆本土培养出来的优秀科技工作者和高级医学人才，也是新疆唯一一位获得"最美科技工作者"荣誉称号的科技工作者。

就在这次的发布仪式上，当马依彤接过荣誉证书站在舞台中央时，可以看出他如同往常一般低调而谦逊、严肃且沉稳。特别是当他的照片出现在屏幕中央时，"用心、用脑、用手，去守护好新疆人民的心"的铮铮誓言，顿时让人泪目。而这一句誓言，从他学医那一刻开始，就已经深深地立在了他的心脉上，如今他已经守护40多个年头了。

胸中有誓深于海。漫漫40余载从医之路，马依彤始终在荆棘医路上默然前行，从未有过一丝退缩，所以才有了今天新疆心血管诊疗新技术的一次次重大突破。

"新疆的一线科技工作者，做得好的大有人在，我只是其中一员，这个奖不仅是颁给我个人的，更是颁给新疆成千上万科技工作者的。"马依彤在接受记者采访时说。

作为一名边疆的科技工作者，马依彤不仅拥有一颗赤子之心，更深知自己肩上的责任。为了不耽误第二天的出诊，颁奖典礼后，马依彤就马不停蹄地返回了新疆。

多么清澈的爱

"新疆地处祖国西北边陲，距离内地较远，且经济欠发达，特别是南北疆偏远地区，乡亲们要是心脏上有个啥大毛病，要去内地的大医院就医，不仅路程很远，费用也是一个很大的问题。所以当时我就想，我一定要把高精尖的心脏介入诊疗技术学回去，去造福新疆老百姓。"这是新疆医科大学第一附属医院心血管病中心主任马依彤在 20 世纪 90 年代初在日本留学时，看到创伤小、手术时间短、病人术后恢复快的"冠心病介入诊疗新技术"和"非开胸 Amplatzer 封堵器治疗左向右分流先天性心脏病手术"等一系列具有国际一流水平的新技术时，暗藏在心脉上的一句誓言。

马依彤，1961 年出生在浙江杭州。6 岁时跟随父母从江南老家来到了新中国石油长子——新疆克拉玛依市。或许是受了父亲的影响，在马依彤的名字里，"依彤"的意蕴就是克拉玛依红彤彤的太阳，此后克拉玛依的印记便深深地烙在了他的生命里，无法抹去，更无法离析。

"我的父亲曾经是一名抗美援朝志愿军部队的军医。1958 年从朝鲜战场归来后，本应转业后回老家浙江子承父业，但当时国家正在大力开发克拉玛依油田，且急需医疗人员。父亲作为一名军人，国家需要，刚好又专业对口，党的一声号令，他就义无反顾地奔赴新疆，就此无怨无悔地扎根在了克拉玛依。父亲刚到的那几年连房子都没有，就只能住在地窝子里，他们就是在那样的艰苦条件下坚持下来的，而且一干就是一辈子！"谈起父辈们的奉献，马依彤感慨万千。

马依彤的家庭是真正的医学世家。爷爷是医生，父亲和母亲也是医生，或许是从小的耳濡目染让他坚定了自己的理想信念，立志要做一名像父辈们一样的好医生，为基层的老百姓行医问诊，救人救心。也或许是医生这个职业让他深深明白了生命的真谛，以至于他在 17 岁高考填报志愿时，将 10 个志愿均填了与医学相关的专业，而且如愿考进了新疆医学院（现新疆医科大学）临床医学系学习。

1983 年秋天，从新疆医学院毕业的马依彤，因成绩优异留在了本院心血管内科工作。后来，他还不断深造，继续攻读了硕士和博士学位，真正成为那个年代扎根边疆的第一批博士生、高学历的"疆二代"。

仔细算来，马依彤也沿着父辈们的脚步，在新疆这片大地上已经奉献了 41 年。40 多年来，他不仅将自己的青春和热血奉献在了这里，他们一家三代行医，两代人扎根边疆，服务于边疆的故事，也在克拉玛依市被传为佳话，更成为当地年青一代励志学习的榜样。其实对马依彤产生影响的，并不完全是家庭因素。导师的以身作则和率先垂范，也对马依彤产生了很深刻的影响。

在马依彤教授的书架上有一本纪念册——《人生在于奉献》。这本纪念册是新疆医科大学第一附属医院心血管中心为了缅怀德高望重的医学前辈汪师贞教授特意编著的。

在这本纪念册的扉页上，清晰地记录着汪师贞教授的一句话："我继承了我们党艰苦奋斗的精神，带来了（上海医学院）很好的作风，学习了白求恩大夫的精神，所以我要尽心尽力地为党和人民服务。"这或许是汪老的人生信条，也是汪老的毕生追求。

"恩师 20 世纪 50 年代从条件较好的上海来疆援建我院，可以说是在艰苦创业、努力拼搏中开创了我院的内科学。那时候她一面在努力建设大内科，一面在努力提高自己独当一面的诊断能力，主攻心血管专业，并在一次次技术突破中确立了自己在新疆心血管方面的权威地位。作为她一手培养的开门弟子，老师身上的严谨、博学、奉献的工作作风深深地影响了我。"提起自己的恩师，马依彤依然心怀感念。

1986 年 7 月，新疆的第一位博士生导师诞生，她就是时任新疆医学院第一附属医院内科主任的汪师贞教授。而马依彤就是汪师贞教授的第一批博士生，更是她最得意的弟子。

幸运的是，刚大学毕业的马依彤就被推荐到了心内科导管室，从事先天性心脏病的筛查与诊断，这也为以后的心血管介入诊疗新技术的引进与发展打下了坚实的基础。

"那时，只要是得了冠心病，要想彻底治好，就得开胸做搭桥手术，开胸的风险是极大的，而且很容易造成很多并发症和后遗症，后期恢复起来也很慢。尤其是每当看着病人检查出得了心脏病后那种恐惧和紧张的神情，我的心里也不好受。所以在读博期间，在导师的推荐下，1994 年我选择了去日本东京大学医学部心内科继续研修。"

1995 年，马依彤在日本东京大学医学部研修结束后，面对日本导师小泽友纪雄教授的极力挽留，马依彤婉拒了小泽教授，坚定地选择了回国。在他回到国内后，内地的一些院校也向他抛出了橄榄枝，但他始终没有忘记当初在心脉上的誓言，所以义无反顾地回到了母校。

"我的父母 20 世纪 50 年代就扎根于新疆，我的根就在这里，再说新疆培养了我，我没有理由离开，也下不了离开的决心，好像骨子里就有一种说不清的东西始终让我无法割舍，现在想来其实就是我对新疆深深的感情。"

由此可见，深受父辈们热爱祖国、扎根边疆、建设边疆、守护边疆的精神影响，在马依彤血液里流淌着的对祖国和边疆的爱，是多么的清澈、多么的浓厚！

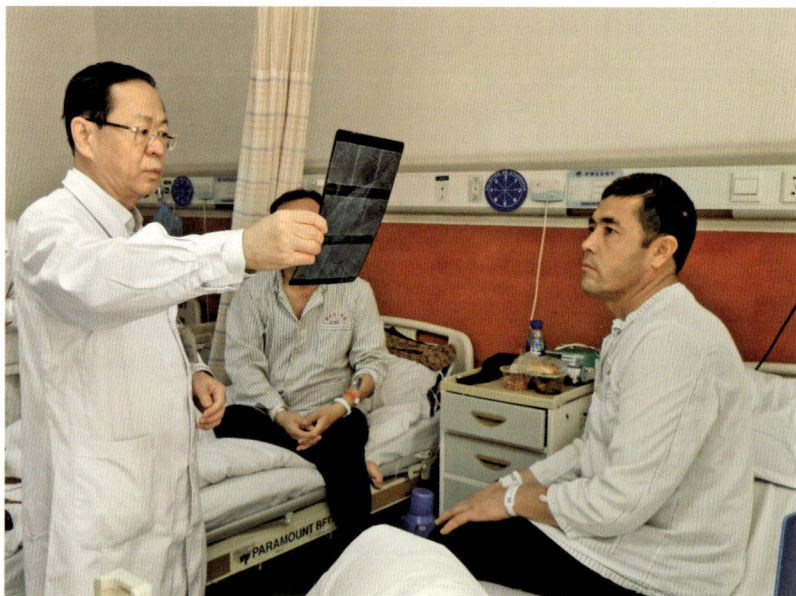

▶ 马依彤（左）查看患者检查报告

星光不负赶路人

20 世纪 90 年代初，新疆医学院附属第一医院不仅在医学水平上无法跟内地相媲美，而且在医疗条件上也是捉襟见肘、不容乐观。

"我从日本留学回来完成的第一例手术，是开通一支狭窄程度高达 90% 以上的血管，这对于现在来说，应该是一个比较简单的病变，手术也不是十分复杂。可在当时我们做了一两个小时才完成，因为刚开始技术还不是很娴熟，所以也花了很大的工夫，也承担了一定的风险，好在病人也非常配合，就顺利地完成了第一例心脏支架手术，将第一枚心脏支架植入了病人的心脏并且效果良好。这是我完成的第一例心脏支架介入手术，是在没有外请专家帮助的情况下独立完成的，也算是一个好的开端。"

有了第一次成功的经验后，马依彤的技术越来越熟练，实力越来越强，这对于急性心肌梗死的患者来说是救命的福音，更是活着的希望。众所周知，以前一旦出现心肌梗死的情况，死亡率是非常高的，自从有了心脏支架介入新技术后，可以及时开通梗死的相关血管，通过植入支架恢复血流改善病情，心肌梗死的死亡率由此大幅下降，病人的存活率也得到了明显的提高。

除此之外，他不仅率先在西北地区开展应用了非开胸 Amplatzer 封堵器治疗左向右分流先天性心脏病手术，使 PDA（动脉导管未闭）、ASD（房间隔缺损）完全封堵率达到 100%，VSD（室间隔缺损）完全封堵率达到 99% 以上；还在国内首次成功开展了"妊娠合并重度二尖瓣狭窄的球囊扩张术"，西北地区首例、全国第二例"双腔起搏除颤器的安装术"和"肥厚梗阻型心肌病的化学消融治疗"，填补了新疆心脏医学的技术空白。

1993 年的冬天，正在专家门诊坐诊的马依彤突然迎来了一位维吾尔族孕妇。经了解后得知，孕妇阿某是一位从地州来的即将临产的心力衰竭患者。当时因阿某身患重度二尖瓣狭窄合并脊柱畸形，如果不早做手术，分娩时就会导致心肺功能衰竭，这对孕妇和胎儿的危害极大，更关键的是此类病例当时在全国没有救治成功的先例。

面对这样医学领域难以翻越的高峰和难题，如果没有高超的技术是没有人敢轻易去触碰和挑战的，更何况那可是两条人命哪！

其实阿某在来找马依彤就诊之前，已经到访过多家医院了，只是如此复杂的病例他们都不敢收治。无奈之下，她和家人抱着最后的一丝希望才来到了当时的新疆医学院第一附属医院。幸运的是，她正好赶上了带着心脏介入诊疗新技术学成归来的马依彤教授。

对于马依彤来说，心脏二尖瓣狭窄虽然不是太大的难题，用球囊扩张术便可解决。关键病人是个孕妇，如果防护不好或操作不当，就有可能给胎儿造成很大的影响，甚至会危及生命。那么，这个手术做或者不做，都需要很大的勇气去面对。如果做，突破这样的技术难题，是需要承担很大风险的。如果不做，便等于放弃了两条鲜活生命，这是他无论如何都做不到的。为此马依彤和产科专家再次进行论证后，最终得出结论：在给产妇充分做好放射防护的情况下，只要手术医师操作娴熟，尽可能地缩短手术时间，便可以进行手术。

真是星光不负赶路人，全国首例妊娠合并重度二尖瓣狭窄的球囊扩张术，在马依彤带领的手术组经过两个小时的努力下顺利完成。一个小生命就此呱呱坠地，母子平安。

那年冬天，对于阿某一家来说，绝对是一个福泽恩惠、温暖如春的季节。不仅两个生命平安度劫，缠绕阿某多年的心脏瓣膜病也在马依彤教授的亲自操刀下彻底治愈。后经多次随访和观察，胎儿的成长发育都很健康，无任何畸形病变或其他疾病。

为此，劫后重生阿某内心充满了感激，她逢人便说："马依彤就是我的恩人，要不是他当初救我，我就不可能活到今天，也不可能有我家可爱的宝宝。"

阿某的病例对于整个心脏医学来说，是一个新的契机，更是一种质的突破，它突破的不仅是一项冷冰冰的医学技术，而且是更多因此病而深受困扰的生命医学。

后来就有了心脏支架，心脏支架手术相对球囊扩张术来说，又进步了许多。因此，新疆医学院第一附属医院也很快引进了此项新技术，而第一个吃螃蟹的人依然是马依彤。

1995 年 6 月某日，在新疆医学院第一附属医院心内科导管室，新疆第一例心脏支架置入手术正在进行中。这是他第一次做心脏支架置入手术，由于当时的技术并不是特别熟练，说不紧张那是假的。这是他在没有外请专家帮助的情况下，自行完成的第一例冠状动脉支架植入手术，后面技术也越来越熟练。

时间就是生命。对于心脏病患者来说，争分夺秒就是在与时间赛跑，尤其是心肌梗死的患者，多争取一分钟的时间，就会多一次存活的机会。所以说心血管介入诊疗新技术的引进、实施与推广，对于当时的新疆心血管学科和心血管病人来说，不仅是医学技术的革新与提升，也是生命质量的保障与延伸。

路漫漫其修远兮

或许是因为技术的贯通更能让人得心应手，在打开了心血管诊疗的新技术捷径和介入通道后，马依彤带着自己的医学团队除了在介入诊疗技术上实现连连突破，还在技术扩展和心脏干细胞移植上成功地探索出了新的技术突破点。利用干细胞移植来治疗急性心肌梗死、主动脉夹层的介入诊疗、经皮主动脉瓣置入术等，这些新技术的率先开展与实施，不仅使新疆的心血管疾病的诊治水平在短时间内得到了快速提升，而且和发达地区的医院同步走在了全国的前列。

"自从我们将心血管介入诊疗新技术引进新疆以后，老百姓看病难的问题得到了缓解，后期我们又经过不断的技术革新和设备升级，现在的诊疗水平已经达到和内地同步水平，这对于新疆的老百姓来说确实是好事。这要在以前的话，我们一年最起码都要转出去几十个，甚至上百个病人。现在转院去内地治疗的人已经很少了，一年也转不了几个，基本上我们都能处理了。"

是的，新疆地处西北地区，离其他省市又较远。对于普通老百姓来说，医疗费用本身就是一个很大的负担了，如果去内地治疗，又要增加几个人交通费、陪护费、生活费等相关费用，这对于病人及家属来说，无疑是雪上加霜，负担更重了。现在不出疆就能够享受到和内地同步的医疗技术，这对于新疆老百姓来说，无论如何都是一件好事。

"新疆地域广阔，人员分布又比较分散，尤其是南疆地区和北疆偏远地区的老百姓，他们一旦生了病来乌鲁木齐治疗，就跟我们去其他省市差不多一样的距离。路途遥远，费用很大，这对于一个基层的老百姓来说压力是巨大的。所以我们要全面推进医疗卫生资源向基层延伸、向农村覆盖，不断把引进的新技术普及到全疆各地，不断提升县级医疗卫生服务水平，实现'大病不出县，小病不出乡'的就医模式，为的就是让我们基层的老百姓足不出县，甚至足不出乡，就能享受到国内一流的医疗服务。无论是乡村的村民，还是牧区的牧民，只要抢救及时，再也不用在心脏出现问题的时候，在绝望中等死。"马依彤说。

真可谓路漫漫其修远兮，吾将上下而求索。

墨玉县虽然是离和田市最近的县，但以前的墨玉县人民医院，也只能做一般疾病的诊疗工作，像心脏介入诊疗类复杂的手术根本做不了，只能转到和田地区医院或自治区的大医院去做。而现在的墨玉县人民医院，不仅可以做一些普通外科手术，还可以做十分精密的心脏介入诊疗新技术手术。尤其是先天性心脏病手术，在马依彤教授的努力与帮助下，也可以顺利开展和成功实施，而这样的先进技术对于墨玉县老百姓来说，无论如何都是一种福音，更是护心救心的大救星。

在南疆，不仅仅是墨玉县人民医院发生着质的变化，其他县市的医院也一样在接受马依彤团队的医学福音。

2023 年 10 月，在中国房颤中心年度大会上，阿克苏地区库车市人民医院顺利通过中国房颤中心认证核查，获得"基层房颤中心"授牌；同年 11 月，在全国心血管健康大会上，库车市人民医院荣获 2023 年国家胸痛中心（标准版）授牌暨心电一张网·心电诊断中心建设单位授牌。当时，库车市人民医院副院长姜兴就在现场见证了这个历史性的时刻。

"房颤中心和胸痛中心是广大心血管病患者的救命中心。在这两个中心的建设过程中，马院长无论是从技术上还是业务上，都给予我们很大的帮助。特别是在胸痛中心的建设过程中，由于我们争创的是标准版胸痛中心，比基层版的要更为严格，而且当时在先天性心脏病手术方面我们还是个空白，所以无论是在技术上还是设备上都还不成熟。马院长得知这个情况后，专程赶来为我们进行了技术指导和培训，甚至连每一个仪器的安装他都帮我们严格把关，所以我们最感谢的人就是马院长。"姜兴激动地说。

相较于南疆的各县市医院，鄯善县人民医院的心血管介入治疗开展得相对要早一些。

"真的很感谢马院长，我们这些在基层心血管战线上的骨干力量，基本上都是他带出来的，而且我的第一台先天性心脏病手术，就是在马院长的亲自指导下完成的，甚至我们导管室建设的验收也是马院长亲自带人过来验收的。总之，马院长对我们基层医疗培训和发展建设这块是功不可没的。"提到基层医院的建设与发展，马依彤的学生、鄯善县人民医院副院长岳永跃内心充满了感激。

是的，心血管病对于新疆来说的确属于一个地方高发病，可是由于新疆地域广阔，县与县之间的跨度很大，加上前几年交通又不是很发达，各基层单位的资金又不是很充足，马依彤教授能够将心脏介入诊疗技术推广到全疆各县市，真的是很不容易。特别是对于心肌梗死的患者来说，黄金两小时真的很重要，如果当地医院没有开展急诊心脏介入治疗的话，心肌梗死患者基本上没有几个能活下来的，但是有开展急诊介入治疗的话，在黄金时间内基本上都能活下来，所以说马依彤对于新疆的救心贡献是非常大的。

生命的依托

2024年1月25日上午10点，为了亲自感受马依彤教授及其团队的工作氛围，我来到了新疆医科大学第一附属医院心血管病中心住院部。在冠心病二科的病房里，我见到了正在带领着医生团队查房的马依彤教授。马依彤教授虽然看起来不苟言笑，自带威严，但对待病人十分和蔼可亲，一丝不苟。

"今天怎么样，不难受了吧？"马依彤温和地问28床的病人刘某。

"昨天刚做完手术还有一点难受，今天早晨就不难受了。"刘某很开心地说。

"从片子上看，洞补得挺好，挺成功的。昨天手术放伞的时候，在下腔静脉段那个地方有点短，反复尝试了好多次，铆钉就是铆不上去，老是掉下来。还好，你挺幸运的，最后还是顺利地铆上去了，要不你就得去做开胸手术了，那创伤面就大了，可得受罪了。"马依彤边看 CT 片子边说。

"马院长，真的太感谢您了。没想到会遇到您亲自给我做手术，我真的是太幸运了。"刘某激动得热泪盈眶。

刘某，49 岁，克拉玛依人，先天性房间隔缺损。在来这里治疗之前，有严重的体感反应，胸闷气短、面色暗红、嘴唇泛紫，不能剧烈运动。因为听说马依彤是从克拉玛依走出去的新疆最厉害的心脏病专家，所以就毫不犹豫地奔着新疆医科大学第一附属医院和马依彤而来。

离开 28 床的病房，我跟随团队来到了隔壁房间。

隔壁房间 42 床的樊某文，是一位 70 岁的病患，他是马依彤 30 多年前收治的一名老病患。樊某文 35 岁就确诊了急性心肌梗死，但当时因为各种条件的限制，没有做进一步的处理，就只是用药物保守治疗支撑到现在。这次因急性心力衰竭发作住院，还伴有肺部感染。

"我认识马院长是在 1992 年。那时候和田医疗条件比较差，后来我打听到有一位从国外回来的心内科医生非常优秀，就是马院长，于是我就慕名而来。在住院期间，我经常听到他给医护人员讲：老百姓的命也是命，老百姓的钱也是钱，要把老百姓的每一分钱都花在刀刃上，能够为患者节约一分是一分，能够把患者从死亡线上拉回来一个是一个。你说这样好的人能不让人信任吗？"

当说起与马院长的过往，老人双眼含泪情绪激动地诉说着。从他的言语中我能深切地感受到，他们这几十年的医患关系，已经不再是一种简单的医生与患者的关系了，而是上升到了一种生命的依托与信赖了。

说起对马院长的精神依托，不仅是患者，而且在马依彤的医学团队当中，一提起与马院长的点点滴滴，大家都有说不完的故事与情节。

"老师是一个非常重情义的人。他对待跟了他几十年的一些老病人，就像对待自己的家人。就像樊大叔，他总说一个30多年的心肌梗死病人能活到现在真的很不容易，能帮就帮帮他吧。所以无论樊大叔什么时候给他打电话，他都会想办法帮助他的。其实我们医务人员是挺介意把私人电话号码留给病人的，如果医生能把私人电话号码留给一个病人的话，就说明他非常关心这个病人。所以说老师是非常在意这些基层的老病人的。"提起恩师对病人的呵护与关心，马依彤教授的弟子、冠心病二科的付真彦主任感受最为真切。

"马院长对我们医护人员的工作特别支持。记得我们医学中心刚成立的时候，我们团支部要组织一个活动，因为科室没有钱本想着要放弃。结果第二天晚上我正在上夜班，马院长就亲自给我送来了1000块钱，说你们搞活动吧。那个时候的钱是很值钱的，1000块钱相当于现在的好几万。后来我才知道那个钱是他自己出的，当时真的让我很感动。"提起与马院长工作的点点滴滴，护士长李莉顿时红了眼眶。

"是的，马院长一旦工作起来就没有时间概念，前些年他从早晨 8 点开始做手术能做到凌晨两三点，一做就是十五六个小时。我们做手术要穿铅衣，以前的铅衣有将近 20 公斤重，一天下来站得腿脚都是肿的，就这样也没影响过他第二天查房或上门诊。有时候为了不耽误病人第二天的手术，他可以坐最早的一趟航班出疆，然后辗转好几个省，再坐最晚的一趟航班赶回来。不到万不得已，他是绝对不会轻易取消或改变门诊和手术时间的，这是他的工作常态，也是他的做事态度。"提起马依彤的敬业，负责他日常工作安排的心血管中心办公室副主任魏娴激动地说。

或许是因为见过马院长清瘦的背影，当魏娴提到马院长每天穿着近 20 公斤重的铅衣在导管室工作十几个小时的时候，我心中充满了敬佩和好奇。我很想去体验一下那种负重前行的真实感受，更想去观摩一下那个穿着厚重铅衣的清瘦的身影在无影灯下聚精会神工作的样子。

于是在 2024 年 1 月 29 日早晨，我来到了新疆医科大学第一附属医院心血管病中心第一导管室。当我穿上手术衣、戴上手术帽和无菌口罩，小心翼翼地走进导管室时，一切神秘的想象就如同战场一般真实地摆在了眼前，白色的墙壁、穿梭的脚步、精密的仪器，还有身着铅衣的卫士。

都说 X 射线对身体有害，可是他们为了救心补心，每天都在射线中穿梭。在导管室段咏梅护士长的指导下，我选了一套相对小的铅衣穿在了身上。当铅衣如战袍般加身的那一刻，我就感觉重量和重担同时压在了身上。其实这种感觉于我来说不过是一时的体验而已，可这些忙碌在各个导管室的生命卫士们，他们视铅衣如常服，一穿一站便是一天，还要专注于精密的仪器下那一个个脆弱的心脏，因此他们又被称为"铅衣战士"。而这样的特殊体验，如果不是亲身尝试，是很难想象到的。

据段护士长介绍，现在的铅衣已经是科学改良过的，以前的铅衣加起来得有40斤左右。而且现在条件也好多了，设备也先进了，技术也成熟了，所以现在一台手术一般一个小时左右就能下来，不像以前，铅衣又重，手术时间又长，一台手术没有四五个小时是下不来的，要是碰上复杂的手术，时间就更长了，体力的消耗也就更大了。

最让我感到惊喜和意外的是，当我透过观察室的窗户仔细一看，一个熟悉的身影出现在了眼前。他身穿铅衣、目光如炬，一边和蔼可亲地与患者交流，一边认真仔细地检查着术前设备，那一刻的他，身形伟岸、动作利落。特别是当他操作各种仪器进行手术时，那一起一落间皆是技术的流线与光影，那一回一转中皆是生命的救赎与温暖。而他，就是可亲可敬的马依彤教授。

大约半小时后，马院长终于拉开了那道厚重的铅门走了出来，看着他额头上细密的汗珠，我不忍心再去打扰他，我知道其他手术室已经万事俱备，只等他前往手术了。我们只是简单地打了声招呼，我就目送他走向下一个手术室。那步履匆忙的脚步亦如踏石留印般坚定而有力量，那身着铅衣的背影宛如一座山峰般挺拔而又伟岸，他日复一日地走过那条生命的通道，去解开一个个生命的密码。

桃李满天山

"不积跬步，无以至千里；不积小流，无以成江海。""积土成山，风雨兴焉；积水成渊，蛟龙生焉。"

经过三代人的无私奉献，经过 40 多年的风雨前行，如今的马依彤，已经成为新疆医科大学第一附属医院心血管病中心的精神旗帜。砥砺奋进 20 余载，他作为学科带头人，扛着心血管病中心这面精神大旗，带领着这支优秀的队伍一直在稳步前行。

桃李不言，下自成蹊。无论工作多繁忙，马依彤始终把为新疆培养优秀的心血管医疗人才作为教育的首要任务。他告诉团队成员："作为教师，不仅要授业解惑，还要传道树人。"因此，经过 20 余年的传道授业，马依彤早已桃李满天山。

杨毅宁，马依彤教授的第一位博士研究生，现任自治区人民医院党委副书记、院长，国务院政府特殊津贴专家，新疆自然科学专家。在导师的指导与培养下，杨毅宁毕业后留校，继承导师传道授业的优秀传统，以一种创新思维和严格管理，指导学生获得了各种奖励，他个人也先后参与多项学术研究，并获得了"第 12 届中国医师奖""第十届突出贡献中青年专家""自治区师德先进个人""自治区青年科技奖"等众多荣誉。

第一次见到杨毅宁是在新疆维吾尔自治区第六人民医院，他十分低调谦和。同样作为一名新疆本土培养出来的医学专家，当得知自己获得国家医学行业最高奖项"中国医师奖"的殊荣时，内心虽充满欣喜，但更多的是一份责任与坚守。

他说："荣誉虽然是一种认可与肯定，但那只能代表过去。这次的奖项虽然是颁给了我个人，可这也是我们新疆全体医务工作者共同的荣誉。作为一名医者，我们要全身心投入到救治工作中去，通过自己的医术去救治更多病人，想办法使他们都能活下来。"

马翔，马依彤教授的硕博研究生，现任新疆医科大学第一附属

▶ 马依彤（前排左四）和他培养的优秀医疗团队

医院心血管病中心常务副主任，博士生导师、学术带头人，国家级胸痛中心建设"护心使者"等荣誉获得者。

"老师就像沙漠里的湖水，不仅解决了这片大地上的干渴，还培育了一批批可以遮风挡雨的大树。他用自己毕生的养分滋养着我们，让我们在他的佑泽之下自由生长，然后再回报和护佑大地和大地上的人民。而他自己宁可继续在大漠里坚守，也不愿意回流到大海里去踏浪。老师很注重人才的培养，只要一有机会，他就会派我们出去学习和进修，只要我们有新的课题和想法，他也会无条件地支持，所以他培养了一大批的优秀弟子，现在基本上都在新疆各个医院的心血管战线上挑大梁。我的老师虽然没有豪言壮语，但他思路很清晰，带着我们安安静静地做事情，一步一个脚印地往前走。我跟着老师学习已经 24 年了，从老师身上我学到的不仅仅是技术，还有很多做人的道理。"当提起自己的导师时，马翔主任感念万分。

贺春晖，马依彤教授的硕博研究生，中国医学科学院阜外医院心血管内科主治医师，美国心血管造影与介入协会委员，美国心脏病学院国际准会员。

"马老师对患者非常耐心和友好，对一线大夫却要求非常高，师兄们经常说，只要经过了冠心病病房的洗礼，全院任何内科科室都可以轻松拿捏，事实也确实如此，冠心病病房周转常年排名全院第一。记得读博第二年，我有幸跟随马老师前往澳大利亚墨尔本 Baker 研究所学习动物心脏病研究，这为我未来的科研之路奠定了坚实的基础。后来在老师的推荐下，我又获得 2014 年前往美国纽约心血管病研究基金会学习的机会，得到全球顶尖的心血管病临床科研平台培养。要知道 Gary S.Mintz 教授是 IVUS（血管内超声）的鼻祖，这对于我们任何一位学习冠状动脉介入手术的大夫而言都是无上的荣耀。博士毕业后，我顺利留校开始一线临床工作。在此期间，马老师也开展了西北地区第一例 TAVR（经导管主动脉瓣置换手术），并组建团队开展相关临床技术研究。虽然此前在美国也经常听有关 TAVR 的讲座，但是没有想到这项技术这么快就在国内开展，并在马老师带领下作为西北首家医院开展此项技术，当时在国内开展 TAVR 的医院也是屈指可数，可见老师的眼光是非常具有前瞻性、独到性的。从老师身上，我学会了很多，他的严谨，他的为人，真的很令人钦佩。"

武云，马依彤教授的硕博研究生，新疆医科大学第一附属医院全科医学科副主任，博士生导师，科普专家。

"我记得当年考马老师的研究生的时候，马老师送我的第一句话就是'学医先学做人'，这句话影响了我以后的从医和教学之路。

考上研究生后，我跟着老师上了8个月的门诊，那时候不太讲教学门诊，但马老师为了教我们实践，特别早就开了教学门诊，让我们在实践中学到了很多东西。记得当时的专家门诊一般都是放30个号，因为老师特别能抓重点，所以他那个门诊看得特别快，30个号不到下班时间就看完了。一般专家看完了就走了，可是他不走，就是病人已经看完了，他也不走，至少要多等半个小时到一个小时。他说，万一还有做检查的病人回来了找不到大夫看结果咋办？老师话很少，但做人做事对我的影响特别大，这或许就是一种精神传承吧！"

以上几位，只不过是马依彤教授众多弟子中的部分代表。如今，无论走到天山南北，还是走进戈壁牧场，只要走进任何一个有心血管大夫的医院，他们总能说出几个与马依彤及其团队相关的故事来。40多年来，他总是在驰而不息地奔跑，润物无声地教授，为新疆培养出了一批又一批的优秀医学工作者，他们学成后又奔赴天山南北、戈壁牧场，去为那里的患者服务，去为当地的百姓"守心"。

难忘的驻村岁月

在和田有句十分形象的民谣："和田人民真辛苦，一天能吃半斤土，白天要是吃不够，晚上还得补一补。"和田地区由于临近塔克拉玛干沙漠，常年风沙肆虐，严重困扰着南疆人民的生产生活，这也是南疆地区很多疾病的致病原因之一。

2017年3月，在自治区党委的统筹安排下，马依彤放下了身兼数职的工作，主动请缨加入赴南疆的驻村工作，成了和田墨玉县扎瓦镇巴夏克其村的第一书记、工作队队长，正式开启了他的驻村岁月。

"记得刚到村里的时候，真的是一穷二白。老百姓家里的房子都破破烂烂的，也没有像样的院子，村里的路都是土路，一脚踩下去裤脚上全是土，不下雨还好点儿，一下雨路上泥泞得根本就没法通行。路灯也没有，一到晚上全村黑漆漆一片。村里的水渠都是泥沙的，这边浇那边淌的。老百姓看病十分困难，扎瓦镇卫生院的卫生条件也比较差，也没有像样的医生。"马依彤说。

自从马依彤到了村里后，他就从这些方面着手，一项一项地为村里争取条件，申请经费和支援等，而且把老百姓的生命健康作为首要任务来抓。于是，他带领着全体工作队员一边为村民修缮房屋、道路、庭院等基础设施，一边在入户走访中为村民们免费看病和普及健康卫生知识。为了方便村民，他还成立了一个"流动诊所"，要求队员们听诊器和药箱不离手，带领大伙做村民的专职保健医生，还免费给村里每家每户赠送创伤急救箱，保证村民一旦在劳作过程中受到外伤能及时得到处理。

不仅如此，为了给基层人民带来更大的福利和解决更大的问题，他个人出资 10 万元，在当地卫生院挂牌成立了"新疆医科大学名医工作室"，把真正的专家门诊从乌鲁木齐搬到了 1500 公里以外的扎瓦镇，并坚持在紧抓驻村工作的同时，每周抽出半天时间到工作室坐诊。让村民们不出镇，不用奔赴千里，更不用挂号和花费一分钱，就能免费享受到顶级专家的诊疗服务。

"我们镇卫生院的变化是翻天覆地的。以前我们主要就是做一

▶ 马依彤（左三）在查房

些关于公共卫生方面的预防工作，农民要是得个什么疾病，我们根本看不了，只能给他们转到县医院或地区医院去看。这样一来农民的压力就非常大，他们不仅要承担治疗费用，还有来回的交通费、食宿费、陪护费等，有很多农民还会因此而再次返贫，甚至有的心脏病人还会因压力而放弃治疗。后来马院长来了以后，不断组织专家给我们进行专业培训和手把手地传帮带，让我们卫生院的诊疗能力得到了很大的提升，特别是在心脏方面的诊治改变特别大，从原来的预防为主慢慢地转向了预防和诊疗并行。"提起卫生院的变化，院长图迪麦麦提·麦麦提敏感慨万千。

其实扎瓦镇卫生院的蜕变也是南疆的一种普遍现象。

就像图迪麦麦提·麦麦提敏所说，以前扎瓦镇卫生院的医生根本无法通过病人的一些外在表现和特征来判断病情，卫生院也没有心电图和心脏 B 超等医疗检查设备，只能将病人转到上级医院去治疗。自从马依彤带领专家团队定向性地对基层医院进行了专业培训和指导以后，现在的乡镇医院，不仅购买了心电图和心脏 B 超等医疗设备，而且医生的诊疗水平也有所提高。特别是心内科的病人来了以后，他们既可根据临床表现很快做出判断，还可以进行一些基础性的治疗，为那些真正的心肌梗死的病人争取最佳的救治时间。

2017 年 3 月 13 日，马依彤驻村快半个月了。凌晨 5 点，墨玉县人民医院急诊中心收治了一名约 60 岁急性胸痛 3 小时的男性村民。由于墨玉县人民医院技术条件所限，值班医生也无法确诊及进一步治疗，患者的家属急得团团转。当听说新疆心血管病顶级专家马依彤教授正好在墨玉县扎瓦镇巴夏克其村驻村时，值班医生抱着试一试的想法，拨通了工作队的电话。

通过对患者的心电图及症状的描述，马依彤教授初步判定患者为"急性下壁心肌梗死"，需要进行冠状动脉介入治疗。由于当时的墨玉县医院条件有限，无法进行这项手术，可患者随时都有生命危险，介入手术刻不容缓。马依彤教授当即与墨玉县人民医院联系，让 120 急救车赶紧将患者立马送到和田地区人民医院。而自己也即刻出发前往和田地区人民医院，同时他还联系了和田地区人民医院心内二科卡地尔主任，让他们提前做好手术准备，等患者一到就立刻能手术。

"对于心肌梗死的病人来说，时间就是生命，我们要争分夺秒抓住这关键的抢救时机。"马依彤教授坚定地说。

在赶往和田地区人民医院的路上，马依彤教授和 120 急救车上的家属、医护人员一直保持着电话连线，随时掌握情况。约 30 分钟，120 急救车与马依彤教授几乎同时赶到了和田地区人民医院。随即马依彤教授和患者一并进入了手术室。此时的患者经冠状动脉造影证实左回旋支主支血管已完全闭塞，患者心率减慢，血压下降，生命危在旦夕。好在经过马依彤教授、卡地尔主任和导管室医护人员的努力，经过 40 分钟的手术，不仅开通了患者闭塞的血管，让血流恢复了正常，而且患者的生命体征也趋于平稳。

而此时，已是早晨 7 点。

刚刚做完手术的马依彤教授眼里充满了血丝，患者家属紧紧地握住马依彤教授的手感激涕零地说："感谢马院长救命之恩，没有您的及时救助，我家老人这次就没命了。"

"救死扶伤是我的本职，这些都是我们应该做的。"

说完，马依彤顾不上休息，转身便急匆匆地赶回了村里，因为那天刚好是周一升国旗的日子。

当天空大亮，国歌嘹亮时，马依彤已经站在了队伍里。

总之，在那段难忘的驻村的岁月里，马依彤或是在走访途中，或是在去医院路上；或是在田间地头，或是在手术台上。巴夏克其村也由原来贫穷落后的破败村落，变成了如今欣欣向荣的美丽乡村，墨玉县人民医院和扎瓦镇卫生院也发生了质的变化与飞跃。

丝路连心桥

新疆，作为丝绸之路经济带的核心区域，有着独特的区位优势和向西开放的重要窗口作用，是丝绸之路经济带上重要的交通枢纽、商贸物流和文化科教卫生中心。

中亚地区的民族生活习惯和新疆少数民族的生活习惯有很多相似的地方，心血管疾病也有高发病率、高死亡率、高致残率、高复发率等特点，这体现出显著的区域与民族异质性，而且近年来病患呈现井喷态势。

近年来，因新疆特殊的地缘优势，加上新疆医科大学第一附属医院是全国首批 11 家"一带一路心脏介入诊疗培训基地"之一，马依彤本人又是"一带一路心脏介入培训项目"专家委员会副主任委员，对于与中亚地区心血管学术方面的交流，他早已做好了明确的规划与目标。

"第一，通过我院十几年来打造的品牌会议'丝绸之路·健康论坛—西部长城心脏病学会议'邀请中亚各国多名专家来我院进行学术交流，这一项工作我们一直在做，而且效果非常显著。第二，我们还接收了哈萨克斯坦国家医学研究中心派来的心血管介入诊疗专科能力和心血管慢性病管理培训学员，培训期为 3—6 个月。2018 年 11 月，经过多方协调、联络，首批来自哈萨克斯坦国家医学研究中心的 3 位学员在我院'一带一路'心脏培训中心（中国心血管健康联盟设立在我院），开启为期 3 个月的心血管重症诊疗和介入治疗技术的系统培训与学习。学员表示，在我院进行的为期 3 个月的系统培训，使得他们的介入技术、心血管护理和心血管重症能力得到极大提升，3 位学员回国后立刻开展相关工作。第三，后期在哈萨克斯坦国家医学研究中心举办的'哈萨克斯坦 CTO（冠状动脉慢性完全闭塞）病变经验交流会'，我院拟派出相关领域专家参会，以专题讲座、手术演示、带教查房、科研辅导、培训指导及现场帮教等形式切实帮助其医疗技术水平得到提高，将友好帮扶工作做好、做扎实。第四，我们还要协助中亚国家建立胸痛中心培训体系及心血管介入诊疗质控体系、建立心脏重症急救通道、建立心律失常诊疗通道。"马依彤说。

合作如兰，扬扬其香。采而佩之，共赢四方。

在当今的国际形势下，人类正面临着前所未有的挑战。人类命运休戚与共，各国利益紧密相连，世界是不可分割的命运共同体，只有合作才能共赢，才能战胜一切危机。

因此，努力推动中亚国家建立长期制度化培训项目，促进心血管医师培训和技能提高，对中亚等国家心血管疾病进行全面、系统的培训，就是架起一座增进丝路沿线各国之间相互合作与交流的连心桥，也提高了中亚等国心血管疾病的整体诊疗水平。以此为基础，还要进一步推动"一带一路"建设与发展，特别在医疗卫生方面，可以对中亚五国起到很好的引领与推动作用。

有志者事竟成。几十年来，马依彤带领着团队始终奋斗在心血管医疗这条路上，立志前行，无问西东。虽然心血管疾病在新疆基层属于高发状态，但经过国家和自治区的各种政策扶持，经过马依彤团队等众多心血管专家的不断探索与持续推进，目前已处于可控状态，呈现萎缩趋势。

"如今，新疆的心血管疾病虽然已呈可控状态，但仍存在新的研究课题尚待突破。例如，随着我国社会老龄化程度的加深，心脏瓣膜病的发病率也明显增加，尤其二尖瓣反流的发病率随居民年龄增长而明显升高。我们依然想尽自己所能，进一步探索心血管诊疗新技术，计划在二尖瓣、三尖瓣的微创介入治疗上实现新的突破，更好地守护边疆各族人民的生命健康。瓣膜性心脏病的技术治疗，其实才刚开始和起步，还没有完全得到很好的普及与推广，而且病种还未进入医保。病种早一天能够进入医保，病人的负担就会早一天减轻，更多的病人就能够得到及时治疗，所以这项工作还需要我们进一步推动，至少把这个技术能先普及到地州医院，然后再慢慢往下普及。我相信这一点早晚会实现的，因为我们正在朝这个方向努力。"马依彤说。

　　我们当然会相信，马依彤这铮铮誓言就如同刻在骨子里的崇高理想和坚定信念。如今，既然已经走出了一条康庄大道，又何惧再一次乘风破浪，抵达理想的彼岸！

刘中民

守初心永不移

——科学家刘中民和他心中的国家战略

鹤 蜚

在大连星海湾附近一处面朝大海背依青山的幽静之处，有一家享誉中外的科研单位——中国科学院大连化学物理研究所（以下简称"大连化物所"）。走进大连化物所能源楼2号楼1层大厅，首先映入眼帘的是一幅巨幅照片，照片里是管道林立的巨大化工场景。这幅照片是所长刘中民院士亲自拍摄的，由于场景过大，他拍了好几次，最后把好几张照片合成了一幅。让他引以为傲的不仅仅是这样一幅生动大气的摄影作品，更是他摄入镜头里的神华包头180万吨煤基甲醇制60万吨烯烃项目，这是他人生的另一幅"佳作"，是他带领团队在煤化工领域倾注40多年心血的结晶，不仅在世界上首次实现煤制烯烃工业化应用零的突破，而且成为国家战略中的重要组成部分，也成就了他心中科学报国的梦想。

少年大学生：心中播下科学报国的种子

有时候，影响一个人一生选择的理由，往往与年少时刻骨铭心的特殊经历有关。成年后，看似不经意间的一次次选择，恰合了内心早已埋藏多年的理想和暗涌的激情，也决定着一个人一生的志向和追求……

在中华大地广袤的版图上，河南自古有着"九州腹地，十省通衢"的美誉，这里有着深厚的文化积淀，历史悠久、民风淳朴。1964年9月，刘中民就出生在河南一个乡村，他的老家周口扶沟县也是民族英雄吉鸿昌的故乡。

虽然乡村生活并不富裕，但保留在刘中民记忆里的年少时光，并不是饥饿和贫穷，他也没有感觉到家庭生活有多么苦、多么难，而是充满幸福和快乐。刘中民成长在一个温暖的大家庭里，父亲在县城里的工厂工作，他正直善良，做人做事都非常厚道。母亲是个地道的农村妇女，她勤劳能干，勤俭持家。刘中民还有3个姐姐和1个哥哥，从小到大，他都是家中最受宠的"老疙瘩"。父母的淳朴善良潜移默化地影响着孩子们，一家人和和睦睦，过着温暖而安宁的日子。

刘中民的父母都是党员，他们虽然文化水平不高，却非常重视教育，尽可能地为孩子们创造好的学习条件，从小到大，孩子们听到父母说得最多的就是"好好上学"，记得最牢的是"好好读书"。更难能可贵的是，父母对孩子们不是苛刻的管教，而是给予他们相对自由开放的教育。对刘中民来说，少年时生活的这片土地，带给他的不仅是地理上的广袤，更多的是心灵与精神上的无限延展和自由成长的空间。

对于一个乡村少年来说，除了课本知识，最简单的快乐就是看电影。小时候，刘中民最盼望乡村放映队的到来。他喜欢看电影，《英雄儿女》《小兵张嘎》等都是他喜欢的电影，他从电影里认识英雄，从电影里了解外面的世界，他想着有一天，去外面的世界看看，想着有一天，像电影里的英雄那样，报效祖国。

刘中民和哥哥的学习成绩一直非常好，恢复高考后，他与哥哥先后考上了大学。

有一天，刘中民和同学们一起，被学校组织到礼堂里听报告，报告的内容是徐迟的报告文学《哥德巴赫猜想》。那天，当听到老师从头到尾一字不落地读完全文时，刘中民被深深地震撼了，数学家陈景润执着科学研究的奋斗精神深深地打动了他，他的内心久久无法平静，他在心里暗下决心，要像陈景润那样，期待着有朝一日能够成为科学家，攻克难关，为国争光。

1978 年还发生了一件大事让刘中民记忆深刻，当年 3 月，全国科学大会在北京召开。这是中国科学工作者的盛会，指明了中国科学事业的发展方向，当时 86 岁高龄的中国科学院原院长郭沫若先生发表了《科学的春天》讲话，这讲话振奋人心，让人难忘。如果说《哥德巴赫猜想》像一颗种子，埋进了刘中民的心底，激励着他树立起科学报国的雄心壮志，那么《科学的春天》无疑是雨露春风，滋养着种子发芽。科学的春天来了，它像一团燃烧的火，点燃了刘中民心中埋藏的火炬。

年少时心中有了理想，那是青春岁月里最璀璨的星光，照亮了前行的道路，赋予了无畏的勇气；年少时心中有了理想，这份理想宛如清澈的溪流，在少年纯真心田中潺潺流淌，孕育着前行的勇气；年少时有了理想，那是翱翔天际的飞鸟，带着对未来的憧憬，飞向广阔的天空。

榜样的力量是无穷的。"学好数理化，走遍全天下"，刘中民在填报高考志愿时，毫不犹豫地选择了理科，并考取了郑州大学化学系。

1979 年，走进郑州大学时刘中民年仅 15 岁，他是当时班级和年级年龄最小、个头最小的学生，看上去还是一个懵懂少年的样子。

在大学，刘中民依然好好学习。课堂上，老师的每一句讲解都如同一颗颗知识的种子，播撒在他那渴望知识的心田，那些复杂的公式、精妙的理论，在他眼中不再是枯燥的符号，而是构建他通往科学大厦的基石。他学习成绩很好，在 4 年的大学生涯中，他脑海中不时会想起《哥德巴赫猜想》那激动人心的句子。在他眼里，哥德巴赫猜想本来就很神秘，普通人很难弄懂，连带着他觉得数学家陈景润所在的中国科学院也充满神秘感。大学毕业时，恰逢中国科学院大连化学物理研究所招收研究生，刘中民毫不犹豫地报考了。

怀揣着梦想和对未知世界的好奇，刘中民第一次离开河南老家，开始了他人生的科学探索之路。

煤里寻金：打通"烯烃"之脉

与共和国同龄的大连化学物理研究所，是一个基础研究与应用研究并重、应用研究和技术转化相结合，以任务带学科为主要特色的综合性研究所。1983 年，年仅 19 岁的刘中民来到大连化物所读研究生，走进了他心中向往的神秘所在。在大连化物所这座科学殿堂里，刘中民心怀对未知世界的无限好奇，开始了如饥似渴地学习。当他翻开那一本本厚重的科学典籍，阅读那些珍贵的文献，仿佛打开了一扇扇通往神奇世界的大门，他沉浸在知识的海洋里，也在心里明确了未来的目标，要终身搞科学研究。

乙烯、丙烯等低碳烯烃是重要的基本有机化工原料，是现代化学工业的基石。它们是许多关键化学品和材料的生产基础。例如，乙烯可以用于生产聚乙烯塑料、合成橡胶等，而丙烯则可以用于生产聚丙烯、丙烯酸等。这些塑料和橡胶是现代生活中不可或缺的材料，广泛应用于包装、医疗、建筑等多个领域。

在传统生产技术中，烯烃完全依靠石油化工，从石油中提炼，因此烯烃的制取强烈依赖于石油资源。有人把石油比喻为"工业血液"，我国的石油资源不足，长期依赖进口，随着经济社会的不断发展进步，石油的需求量越来越多，本就稀缺的"血液"已无法满足烯烃生产的需求。

20世纪70年代，国际政治格局动荡，给世界经济带来了一系列的影响，全球经济体系连续遭受两次石油危机的沉重打击，石油价格不断飙升，从每桶一两美元，上涨到每桶40美元，全球经济陷入通货膨胀状态。

国际石油价格不断上涨，加重了生产成本，严重阻碍了下游产业发展，"受制于油"也为我国经济社会可持续发展留下不确定的因素。

纵观世界，有许多国家都是缺油少油的状况，再加上两次石油危机，使那些依赖石油进口的国家陷入恐慌，对烯烃原料来源可持续性供给开始担忧，也引发了世界性的思考：石油会不会用完呢？用什么资源去替代？许多国家开始逐步探索煤炭替代石油的可行性。有科学家认为，以煤炭或天然气为原料合成甲醇，再用甲醇制取烯烃是行之有效的方法并相继启动了"以煤代油"的科技攻关计划，希望在这场世界性的能源变革中抢占先机。

我国富煤、贫油、少气的基本国情，决定了不能走完全依赖石油制烯烃的道路，烯烃生产必须另辟蹊径。我国有着丰富的煤炭资源，发展以煤为原料制取的煤化工技术势在必行。甲醇制取低碳烯烃是石油危机下的一种尝试，是关系我国经济长期稳定发展和能源安全的重大课题。在这个背景下，以甲醇为原料生产低碳烯烃的技术，成为发展新型煤化工产业、实现国家"以煤代油"战略的必由之路。

从煤到烯烃，弥补我们石油不足的困境，这件事对国家有着重要的战略意义。

改革开放后，中国科学家也在积极探索，开始攻坚相关科技难题。1981 年，为了保障国家能源安全，甲醇制取烯烃被列为中国科学院的重点课题，大连化物所迎难而上，承担了这一重任，并前瞻性地预期，这是一个适应中国国情、可以形成产业化的大任务，需要围绕反应原理、催化剂、反应工艺等进行创新研发工作。

有难度才有挑战，科研要急国家之所急，还要先走一步，为国家长远需要早做准备。大连化物所迅速组建以陈国权和梁娟两位研究员为组长的两个研究小组，开始了联合攻关。正在读研的刘中民加入研究团队。他要做的，就是跟随前辈的研究方向，继续甲醇制烯烃反应基础研究。

煤变烯烃，简单来说要分成两步，首先把煤制成甲醇，再将甲醇制成烯烃。20 世纪 80 年代，煤合成甲醇已有了相对比较成熟的工业技术。而甲醇制烯烃则是有待攻克的关键核心技术，也是世界范围内极具挑战性的课题。如果能研究成功，那么既能从煤炭中做出石油化工的产品，又对国家的长远安全提供战略保障。

刘中民第一次接触这个项目时是 1984 年，还是刚进入大连化物所 1 年的硕士研究生。在攻读硕士和博士学位期间，在做一些相关基础研究的同时，他目睹了科研攻关的艰难，见证了老一代科学家白手起家研制出 ZSM-5 分子筛催化剂、固定床工艺，完成中试试验的历程，被老一代科学家的奋斗拼搏精神深深感动。1991 年，刘中民博士毕业不久，在国家科技项目的支持下，大连化物所决定发展新一代更加高效的采用流化床工艺的技术，开展了该技术的又一轮攻关。刘中民在新组长蔡光宇研究员的带领下，负责新型催化剂研制工作，并被任命为研究组副组长。1995 年，刘中民成为团队的负责人，经历了项目研发与试验推广道路上的曲折跌宕，遇到许多困难，他深知攻关的难度，但他从没想过放弃。

马克思说过："在科学上面是没有平坦的大路可走的，只有在那崎岖小路的攀登上不畏劳苦的人，才有希望到达光辉的顶点。"科学之路充满曲折，没有任何捷径可走。项目起步时，科研条件非常艰苦，人力资源严重不足，当时的大连化物所研发条件不及现在的 1/10。刘中民把大量的时间都用在实验室里做实验、搞研究上。夏日的夜晚繁星点点，他常常忘记了吃饭，忘记了回家。寒冷的冬日，他经常在实验室里待到凌晨，陪伴他的是实验室里那些仪器，那些瓶瓶罐罐，然而没有人会随随便便成功。努力就有收获，他阅读过的堆积如山的文献资料，他记录下的那些密密麻麻的笔记，那些不断变化的数据，那些时不时蹦出来的小火花，研究出来的小成果，那些让他惊喜的小确幸，都给了他探索未知科学边界的勇气和鼓励。在一次次失败中掘进，在一次次收获中前进，他犹如一个勇敢的探险家，在科学的甬道里，摸索着、探寻着，无畏艰难，勇毅前行。

SAPO-34 分子筛催化剂的研究随即驶入快车道。试验证明，SAPO-34 分子筛催化剂可大幅提高烯烃产率，更具稳定性，在工业应用前景方面相较于 ZSM-5 更好。高温水蒸气存在条件下 SAPO-34 分子筛的稳定性是决定性因素。

在合成出纯 SAPO-34 分子样品后，研究团队想到可以使用 X 光衍射的方法，观察其在脱附水过程中骨架结构发生的变化。随后他们惊奇地发现，SAPO-34 的骨架结构在脱附水后实现了可逆化——竟然复原了，这表明了该分子筛的稳定性，证明其具有工业应用的潜力。

从硕士到博士，从助理研究员到副研究员，再到研究员、课题组组长，刘中民一步一个脚印，在实践中前进。1995 年，团队采用自主首创的合成气经由二甲醚制烯烃新工艺方法，完成了百吨级中试试验。

这一成果获得了中国科学院科技进步奖特等奖以及国家"八五"重大科技成果奖。

重任在肩：为国家守住安全底线

科学研究没有捷径可走，也没有外人看到的那样风光，有的只是攻关路上的执着与坚守，有的只是不怕困难的决心和毅力，还有对科学研究纯粹而炽热的热爱。

一代代科学家，他们心怀家国情怀和坚定的信念，克服难以想象的困难，用科学的力量，为人类创造更美好的明天。正是对科研持续的热情和探索精神激励着一代代科技工作者，向着科学的高峰奋勇攀登。

单从技术角度看，煤制烯烃技术已经突破了该领域的世界性难题，但在刘中民心里，他还有很多的工作需要做。他一直认为，科学要为社会服务，要转变观念，转变角色，直到把技术成果落地，才是真正服务于国家、服务于社会。带着一份巨大责任感和使命感，刘中民和他的团队开始了探索之路。

然而，前进的道路并非一帆风顺，总会遇到意想不到的困难。正当刘中民和他的研究团队稳步向前推进，致力于扩大工业规模之时，国际形势发生了变化。自 1995 年起，国际油价开始出现大幅下跌，到 1997 年，每桶原油价格已降到 10 美元左右，这暴跌的油价，便宜到让人"怀疑人生"。

油价这么便宜，还有必要进行成果转化吗？"以煤代油"的努力还要继续吗？和石油制烯烃相比，采用甲醇制烯烃生产工艺，相比之下成本太高，根本挣不到钱，企业也不愿意投资。

紧接着，科研资金也开始出现短缺，"以煤代油"项目的煤制烯烃市场推广的工业化应用进程受到前所未有的影响，项目几乎停滞，团队陷入困境。作为学术带头人，刘中民心里承受着巨大压力。以前他一个人专心搞研究，没什么压力，现在做了项目负责人，要考虑研究组的发展，协调各项事务，还有课题、方向的设置，人员之间的分工协调等，还有最重要的科研资金的落实。他考虑的是全局，是未来，压力之大可想而知。

如何继续开展研究成了难题。

放弃还是继续？这个问题刘中民在心里问过自己不止百遍千遍。

"实体经济的发展需要依靠资源，从安全的角度来说，如果我国石油进口的依存度过高，会带来一定风险。一旦进口石油不顺畅，会造成一系列产业链的风险。"刘中民坚信，煤制烯烃是国家的长远战略，不能因为市场油价的变动而改变。这项研究要从"战略急需"转变为"战略储备"。刘中民下定决心："要为国家守住安全底线。"

刘中民深知，煤制烯烃技术推广和工业性试验将是一场持久战，无论面临多大困难都绝对不能放弃。但现实又摆在那里，由于种种原因，整个团队的技术攻关进入瓶颈期。那段时间，为了使煤制烯烃工作尽快进行成果转化，作为项目负责人的刘中民，在埋头技术研发的同时，带着策划方案四处奔波，四处"找钱"，期待着科技成果能够顺利转化。

经费捉襟见肘，项目推进缓慢，刘中民有一次接受采访时曾开玩笑地说："那段时间，我们穷得只剩下精神了。"1998年，刘中民向中国科学院递交报告，希望可以"借钱"继续这项技术研究。不久后，中国科学院特批了100万元科研经费。有了经费支持，刘中民带领团队进一步研究了甲醇制烯烃过程的反应机制，完善了催化剂放大和工艺技术，同时继续寻找再次放大试验的机会。

找企业合作做工业性试验，是团队当时最迫切的需求。但煤制烯烃面临的局面，是大多数企业对煤炭替代石油生产烯烃项目没有积极性，团队申请的后续科技攻关项目也因种种原因取消了。

刘中民和他的团队到处奔波，他们记不清究竟去了多少地方，联系了多少家企业，走过了多少省份，四川、甘肃、黑龙江……他们天南地北地奔忙，哪里有希望就奔向哪里，只求合作，不求回报，但最终都毫无结果。他们一次次充满希望地出发，又在一次次的失望中归来，有时眼看着就要签约了，却最终夭折了，那些按要求补充的大量实验数据和可行性研究报告，都无法派上用场，一个个呕心沥血的日日夜夜，都无法换来合作……

压力并非只来自技术因素，如何利用好的概念设计说服投资者放大实施，对于一直奋战在科研一线的研究员是个巨大挑战。面对重重困难，刘中民和他的团队始终抱定信念，不放弃，不气馁，他们紧紧把握煤制烯烃发展方向，夜以继日地坚持在技术研发一线奔波着。

大连化物所领导班子从青年人才培养的角度，选派刘中民到法国催化研究中心进行合作交流。在那里，他仅用了 2 个多月时间，便完成了 2 篇重要的科研论文，令法国专家大为惊叹。交流期满，法方抛出橄榄枝，可他拒绝得义无反顾，他深知甲醇制烯烃项目的研究和团队都在等着他，国家任务在等着他，他必须回来！

2000 年，在刘中民的提议下，大连化物所组建技术平台，研究所和研究室联合出资 500 万元，购置先进仪器，招聘具有工程化能力和工业化背景的人员，开展相关技术设计和推广工作。

全世界化工行业新工艺的发展，走的都是逐级放大这条路。在实验室的小反应器到工厂的大型反应装置，现实中根本不在一个数量级。据刘中民介绍，实验室做实验的时候，反应原料经常论克计量，到工业性试验的时候，1 小时将近投入 2.5 吨甲醇，年产能180 万吨的工厂，1 天的甲醇处理量可达 5500 吨，1 小时最高能达到 250 吨。

从实验室到工业性试验，不仅是试剂量化比的增加，更是其技术工业化的桥梁，而工业化才会真正给时代带来革命性的巨变。

无论前方有多少艰难险阻，只要怀揣坚持不懈的信念，就一定能守得云开雾散，收获生命中最珍贵的风景。

攻坚克难：那些难以入眠的夜晚

2004 年，随着国际油价不断飙升，甲醇制烯烃又一次得到重视，迎来了新的机遇。20 世纪 90 年代就进入大连化物所工作的正高级实验师张今令，一直从事工业催化研究工作，她自豪地说：无论什么时候提起 DMTO 技术，我们都是骄傲的、自豪的！DMTO技术即甲醇制烯烃技术，是大连化物所乃至中国科学院的一张亮丽名片。在这张含金量极高的名片里，有几代人拼搏的身影，在几十年里，科研人员在困境中坚守，在逆境中奋进，终于可以从实验室走向现代化工厂，实现了世界上煤制烯烃工业化零的突破，开创了我国煤制烯烃新兴战略产业并引领其快速发展。

据张今令回忆，当我们获知 DMTO 技术要进行工业性试验时，组里每个人的情绪都很高涨，深知如果该项目成功工业化，将开辟出我国第一条非石油资源生产低碳烯烃的煤化工新路线，必将极大地缓解我国石油供应紧张的局面，促进我国化工原料路线的结构性调整。能够参与其中为其发光发热，我倍感荣幸！

这是她的心声，但又何止是她的心声，是刘中民的心声，也是整个团队的心声，是一代代科研工作者共同的心声。

陕西省煤炭资源丰富，适合发展"以煤代油"产业，他们也一直在国内外寻求相关技术合作。当得知大连化物所这一技术路线达到世界领先水平，便当机立断决定与大连化物所合作，共同完成工业性试验，推进工业化进程。

2004年，大连化物所、新兴能源科技有限公司和中石化洛阳工程有限公司合作，进行DMTO技术成套工业开发，联合开展攻关试验。刘中民清楚地记得，当时陕西省省长拍着自己的肩膀说，陕西是个穷省，拿出这点钱不容易啊。刘中民压力陡增，他渴望成功，他有信心，甲醇制烯烃技术环节绝对没有问题。但DMTO技术的工业化是对技术的首次实践检验，是否成功，关系中国煤制烯烃新兴战略产业能否顺利健康发展，关系大连化物所的科研声誉。那段时间，刘中民特别担心试验中某个装置或环节发生事故，如果发生爆炸，不论是否是技术原因，均会造成试验下马，失去宝贵的机会，同时产生不良的影响。

当年8月，总投资8610万元、年处理甲醇能力1.67万吨的工业性试验装置，在陕西省华县（现渭南市华州区）开工建设，这是该技术的第一次工业性试验。刘中民的团队在化工厂"安营扎寨"，开始了至关重要的工业性试验。

张今令清楚地记得，2005年11月中旬，在刘中民带领下，科研人员准备将制备好的催化剂和试验用仪器送往陕西华县试验基地。为了确保催化剂、仪器的安全，大家不敢有丝毫马虎，对所有仪器设备精心地包装、编号，并由两位老师亲自跟车。日夜兼程赶赴试验基地。随后，参与试验开工的人马也陆陆续续开往现场。当时的感觉，整个团队有一种将士出征的气势，真是非常激动人心。

试验基地建在华县陕化集团厂区内。

华县，古称华州，以境内有华山而得名，距西安70多公里。在去之前，大家已经从现场照片上对那里的情况略知一二，但大家真到达试验基地现场时，每个人心情还是有点复杂。试验厂区，试验装置建得很好，但周边基础设施条件非常简陋。在厂区的一角，只有甲醇制烯烃工业性试验装置孤独地矗立在那里，整个化工厂区弥散着氨、硫化氢的刺鼻味道，高大的烟囱冒着黑烟、粉尘和煤灰，而且空气干燥，很难看见晴朗的天空。

但大家坚信，这些都算不了什么，努力一定会收获丰厚的回报。这是一场放大了1000倍的工业性试验，从中取得的关键数据将为百万吨级工厂设计奠定技术基础。

刘中民带领着这支意气风发的研发团队开启了全新的挑战。这是一项全新的工艺过程，虽然流程设计借鉴催化裂化，但对大连化物所的研究人员来说还是有一定挑战。在刘中民的指挥下，大家分工明确，互相配合，遇到困难积极合作共同解决。这次工业性试验没有分离装置，生成的产品全部进入火炬，所有的试验数据要通过分析手段得到，因此分析是整个工业性试验的重中之重，负责分析的几位同志，他们在大连时就做好了充分的准备工作，他们在现场和相关技术人员积极配合，调试分析仪器，准备各种必需的试剂、配件等，确保分析数据及时、准确、可靠。而负责工艺的同志则更是辛苦，每天都要在几十米高的装置爬上爬下好几个来回，对照图纸熟悉设备、掌握流程。

从 11 月开始，当地就开始进入"速冻模式"。加之设备装置比较高，耸立在开阔地带，科研人员要爬上去检测和作业，上面的风很大，设备冰冷，他们在高处真正感受到了什么是寒风刺骨。

张今令说，他们这个团队真的非常了不起，在整个工业性试验期间，有的同志生病了，回大连休息很短时间后又立刻带病赶回现场；有的同志身体并不是很好，但从不比别人少上一个夜班；有的同志不适应华县的天气和饮食，吃不下睡不着，但从没听见他们叫一声苦，总是笑着说慢慢就适应了，大家心里拧成一股绳，全力以赴，只为完成工业性试验。

很快，在大家的共同努力下，工艺流程已经在他们的脑海中根深蒂固。他们对反应器、操作阀以及装置上成百上千个控制点的位置已逐渐熟悉，对下一步的试验也更加有信心。

工业性试验是艰苦又漫长的过程，整个试验阶段，刘中民几乎是吃住在现场，在刘中民的记忆里，在整个试验阶段。伴随他的不仅是一次次的破解难题，还有无数个难以入眠的夜晚。那时候，他们想到了这项任务的艰难，但没想到会这样艰难，刘中民回忆起当时的情景，至今难忘。

工业性试验的地点选择在化工厂的一个角落里，邻近污水处理池。试验装置附近有一家采石场，采石场会经常爆破开矿，放炮的声音让人提心吊胆，每每听到采石场的炮声，刘中民便会紧张得不行，有时夜里听到炮声，他会不由自主地一下子从床上坐起来，担惊受怕，精神压力巨大。

与试验装置相连的火炬就犹如信号灯，每隔一段时间，刘中民就要起床看看火炬是不是还亮着，是不是还在正常燃烧，有没有异常。如果哪一次看到火炬不亮，说明可能有问题。他就得赶紧往外跑，去看看情况。试验现场同时有100多人，还有36米高的大型装置，任何一个环节都不能出问题。那段时间，他时刻处于紧张的状态，到了晚上，根本无法安睡。

刘中民说，我们有一项基本原则，就是要优先保证安全，不光是人员、设备等各种安全，还要保证催化剂的安全，只有安全了，项目才能往前推进。

刘中民有时想想也感到后怕，精神压力太大了。他曾想过，一旦发生爆炸等事故，由他导师所开创的甲醇制取烯烃事业就会葬送，会辜负导师的厚望，他的团队也将没有未来。

成果转化之难之复杂，就犹如逆水行舟，不进则退，只有亲身经历，才能体会之深之切。

就这样，经过700多个日日夜夜的奋战操劳，刘中民和他的团队终于迎来了激动人心的时刻。2006年5月，甲醇制烯烃工业性试验宣告成功，为设计建设更大规模的生产装置积累了可靠数据，装置规模和技术指标均处于国际领先水平。

张今令回忆说，在这次工业性试验中，不仅团队每个人在技术能力上得到了锻炼和提升，更增加了团队合作和互助精神。

DMTO技术万吨级工业性试验取得的技术指标达到了世界领先水平，DMTO技术工业化取得了阶段性的胜利。但刘中民并没有停下脚步，他开始了新的征程。他根据甲醇制烯烃的反应工艺特点，为提高乙烯和丙烯的收率，提出了基于 C4+ 副产品裂解的甲醇制烯烃第二代技术，即 DMTO-Ⅱ 技术。

2010 年 DMTO-Ⅱ 技术的万吨级工业性试验在陕西华县进行。虽然那里还是烟尘弥漫、气味刺鼻，但是有了第一代 DMTO 技术工业性试验的成功经验，大家带着满满的自信和朝气进入试验基地。相比几年前，整个团队更从容更自信了，各方的合作也有了更多默契。但不变的仍然是投料开工时 24 小时甚至 48 小时的不眠不休、技术讨论时面红耳赤地争执、不断出现新问题的试验装置和越改越先进的技术方案，还有那 72 小时现场考核时紧张的气氛等。经过几个月的紧张工作，具有自主知识产权的新一代甲醇制烯烃技术（DMTO-Ⅱ）也成功了，它进一步提高了技术经济竞争力和资源利用率，对发挥我国煤炭资源优势，缓解我国石油资源紧张局面，发展煤制烯烃新型煤化工产业具有重大现实意义和战略意义。

对于工业技术来说，这都只是准备工作，但这些都让刘中民团队离目标更近了一步。

2006 年 12 月 11 日，国家发展和改革委员会核准了神华包头煤制烯烃项目，这是"十一五"期间国家核准的唯一一个特大型煤制烯烃工业化示范项目，是世界首套、全球最大的，以煤为原料，通过煤气化制甲醇、甲醇转化制烯烃、烯烃聚合生产聚烯烃的特大煤化工项目。

2007 年，大连化物所、陕西新兴能源科技有限公司、中石化洛阳石化工程有限公司与神华集团在北京签订了 60 万吨 / 年甲醇制低碳烯烃（DMTO 技术）许可合同。这是世界首套煤制烯烃技术许可合同，标志着 DMTO 技术从前期的万吨级工业性试验，向日后的百万吨级工业化生产迈出关键一步。

2010 年 8 月 8 日，神华包头世界首个煤制烯烃工厂投料试车一次成功。在世界上首次实现煤制烯烃工业化。这次开工非常顺利，DMTO 技术装置运行平稳，甲醇单程转化率 100%，乙烯和丙烯选择性大于 80%，反应结果超过了预期指标。

张令令说，当包头 DMTO 技术装置投料试车一次成功时，我们所有在现场的工作人员喜极而泣，大家难掩激动的心情，曾经艰辛的过程，那些无形的巨大压力，到如今成功的喜悦，在那一刻都汇成了激动的泪水，太不容易了，只有亲身经历，才会真切地体会其中甘苦。

成功的消息立刻传到了时任大连化物所所长的张涛那里，他临时中断正在举行的大连化物所战略研讨会，当场宣读这一喜讯，全场响起了热烈的掌声。

在随后召开的庆祝会上，刘中民团队的许多同志都流下了激动的泪水，从工业性试验现场转战工业化现场，历经 6 年的风雨洗礼，背后的辛酸苦辣，每个人都深知其味……

2011 年 1 月，神华包头世界首套 180 万吨煤基甲醇制 60 万吨烯烃装置，正式进入商业化运营阶段，创造了巨大的经济效益和社会效益，标志着我国率先实现了甲醇制烯烃核心技术及工业化应用零的突破。神华包头煤制烯烃项目包括年产 180 万吨煤基甲醇联合化工装置、年产 60 万吨甲醇基聚烯烃联合石化装置以及配套建设的热电站、公用工程装置、辅助生产设施和厂外工程等，也同时一并完成，该工程是世界首套以煤为原料生产聚烯烃的项

▶ 刘忠民（左二）与科研团队在项目现场

目。DMTO 技术也因工业化成功而获得 2014 年度国家技术发明奖一等奖。

神华包头煤制烯烃项目的建设，开创了我国煤制烯烃大规模工业化生产和煤化工新产业的先河，尤其是项目中采用的具有我国自主知识产权的 DMTO 技术，标志着我国在煤制烯烃产业化道路上又迈出了关键一步，对发展我国清洁煤化工产业、奠定中国在煤基烯烃工业化生产领域的国际领先地位，无疑都具有里程碑式的意义。随着一套又一套 DMTO 技术工业装置投料成功，我们国家在煤化工领域迅速发展拥有自主知识产权的技术领跑于世界。

在此基础上，刘中民带领研究团队持续在甲醇催化转化原理相关的反应诱导期、第一个碳－碳键形成、碳链增长、催化剂积碳及失活机制、分子筛晶内扩散系数测量与计算、反应－扩散耦合动力学等科学问题上取得了重要突破。解决了反应速度快、转化率高、强放热等相关的技术问题，形成了对甲醇制烯烃反应选择性控制原理及其多尺度时空演化规律的全面深刻认识，开发了催化剂、反应器、反应工艺等工程化核心技术，相继成功开发了 DMTO-Ⅱ、DMTO-Ⅲ技术，其技术指标及经济性大幅提高，使我国持续保持在该领域的国际领先地位。

曾经，在最困难的时候，绝大多数人都认为这项研究没有意义。但包括刘中民的导师在内的一批研究人员克服重重困难，永不气馁，在别人的冷眼中，持之以恒地钻研，为这项技术的工业化奠定了基础。

进入 21 世纪后，国际原油每桶价格曾飙升到 100 多美元，甲醇制烯烃技术有了施展的空间。再加上我国已成为原油进口大国，供求矛盾日渐突出。正是有了广大科研人员前瞻性的研究积累，正是有了刘中民团队一次次攻坚克难，才使甲醇制烯烃技术有了重大突破，才有了今天的成就。

成功是奋斗结出的甜美果实，没有奋斗的磨砺，何来成功的闪耀！

报国之路，虽远必达！

在岁月的长河中，总有一些感人的故事如璀璨星辰，照亮我们前行的道路；总有一些人物似巍峨高山，成为时代的脊梁，引领着我们向前，向未来。

一个人一生的成功，机遇很重要，但执着坚守、不忘初心、坚韧不拔的奋斗精神才是能成功的关键。信念，执着的信念，会让一个人在漫长的岁月里，走得更踏实，走得更远。

从 19 岁考入大连化物所攻读研究生，到成为大连化物所所长，刘中民一路走来，40 余年，他始终致力于能源化工领域，执着地要将煤变成国家急需的各种生产、生活物资，不断征服科研高峰。

守初心永不移，哪怕岁月染白了黑发，宁白头终不悔，哪怕时光催老了年轮。

"转化一代，开发一代，前瞻一代"，煤制烯烃技术研发就像一根接力棒，刘中民团队在成功实现工业化生产后并未止步，而是带领团队继续前行，进一步开发出多产烯烃第二代技术，即 DMTO-Ⅱ技术，并顺利完成工业性试验。该技术将甲醇制烯烃产物中 C4+ 的组分回炼，其烯烃收率比第一代技术提高 10% 以上，大幅降低了烯烃生产的原料成本。

2015 年，世界首套 DMTO-Ⅱ技术工业示范装置开车成功，对我国发挥煤炭资源优势、缓解石油资源紧张局面、发展煤制烯烃新型煤化工产业具有重大意义。

2015 年 1 月 9 日，在国家科学技术奖励大会上，习近平总书记亲手将国家技术发明奖一等奖颁发给甲醇制烯烃项目获奖代表刘中民研究员。刘中民捧着这份沉甸甸的国家荣誉，心情无比激动。他说："这是国家对煤化工方向的认可，是对我们取得技术进展的认可。国家需要的事情，我们必须坚持做下去。"

2020 年，第三代 DMTO 技术研发取得重大突破，由于采用了新一代催化剂，以及对反应器和工艺过程的创新设计，单套工业装置处理甲醇量翻倍，达到每年 360 万吨。随后，该成果在内蒙古鄂

▶ 刘忠民（中）在项目现场指导试验

尔多斯、宁夏宁东成功转化，推动煤炭资源由"燃料型"向"原料型"转变、产品由"一般加工"向"高端制造"转变，促进了区域产业结构优化。

技术只有持续进步，才能引领行业发展。伴随 DMTO 技术的发展，大连化物所开启了全新的探索模式，成立了第一个"大团队"——建制化组群。集中力量办大事，承担国家重大科技任务，推动基础研究和应用研究的精诚合作、无缝衔接与技术的可持续发展，促进基础研究成果向技术开发和产业化阶段的快速迈进，培养了一批着眼于应用的基础性研究人才和工程技术人才。一批年轻的研究人员加入了刘中民团队，承担起传承、创新、发展的重任。

2022 年，刘中民被评为"最美科技工作者"，当记者好奇地问他，你用了 40 多年的时间专心研究煤制烯烃技术这一件事，究竟是怎样的毅力和动力，支撑你去完成这样漫长又艰辛的攻关？刘中民说，每一代人都有自己的责任和担当，科学研究需要站到更高的位置去想去看，几十年来，我一直思考科学研究如何才能与国家目标一致，国家需要什么，我们就研究什么。科学研究不是一蹴而就的事，科学的高峰需要一步一个脚印去攀登，影响技术成功的因素很多，需要长期耐心地做研究，要能沉下心来。几十年持之以恒专心研究一件事，有时确实有些枯燥，每天关注数据，总结规律，对比这些规律跟实验室原来发现的规律的一致性、偏差和是否有例外等，再从中找出新的问题，再逐个研究解决。所有的成功就在这样持续不断的坚持和研究中取得的，而科研人员也是在这样的过程中快速锻炼成长的。

成功的大门只为那些奋力拼搏的人敞开，奋斗是打开这扇门的金钥匙，奋斗更是成功的引擎。一路走来，在成长的过程中，刘中民接触到许多业内外优秀的专家学者，也遇到许多值得敬佩的前辈。刘中民说，从事科学研究要有科学精神，科学精神最重要的就是创新。在科学发展过程中，总会出现一些伟大的人，正是靠一代一代人对科学发展的贡献，才会有后来不断创新的成果。我们要敬重前人的努力，尊重他们对人类的贡献，但并不是说要把谁当成权威、当作神供起来。科学就是科学，科学研究要有批判精神，既要承认前人的贡献，借鉴前人的成果，吸收前人的经验，同时要发现不足，找到可以提高和改进的地方。我们一直在追求新知识，知识的边界要扩展，不能让一些思维限制了科学的创新，以至于不断受到各种干扰，不能人云亦云。要敢于质疑权威，勇于挑战传统，以创新的思维，突破旧有的框架，开辟新的领域，才能为科学的发展注入鲜活的力量，要站在巨人的肩膀上，再更进一步，甚至超越巨人。

"超越，是对巨人最大的尊敬。"刘中民说。

刘中民重视培育研究所的创新文化，对年轻人寄予厚望，每年开学第一课，他都要给新生作报告。他引导年青一代传承研究所优秀的历史与文化精神，树立严谨务实的科研治学风气，特别是大力弘扬科技报国精神，激励全所科研人员在科技创新工作中勇争一流，为实现科技强国梦贡献力量。

刘中民几十年从事科学研究，从一个研究生，成长为国内外知名的科学家。他认为，科研自由，有兴趣使然，但年轻人做科研不能仅限于一个具体的方向，要有大的格局和大的视野，要站在国家的角度，要根据中国国情，研究国家的需要，关注科学，关注应用，关注创新水平跟工业的需求以及工业发展到什么阶段等，才能选准方向，解决相关技术问题。如果仅是读文献，脱离实际，研究的方向就不切实际，也缺乏长远考虑。

每一滴汗水都将化作前进的动力，每一次挫折都将孕育出成功的希望。科研成果也是日积月累的结果，不积跬步，无以至千里；不积小流，无以成江海。刘中民说，当我们研究的成果对国家有用，使国家不再受别人制约，作为一名科学家，我从心里感觉特别自豪。

黑发不知勤学早，白首方悔读书迟。他寄语年轻人要珍惜时光，"科学是一片广阔的天空，没有既定的航线，只有无限的可能。个人要有追求，但要与国家的需要对接，在为国家作贡献的同时，实现自我价值"。

在一些人眼里，科学家是一些只知道埋头搞科研，只关心数据和公式，不食人间烟火的人。其实不然，刘中民说，科学家不是苦行僧，科学家也是人，也懂生活，也懂浪漫。表面上看着可能很辛苦，事实上科学研究让人很快乐，做科学研究和其他爱好并不矛盾，做科研的同时，生活照样可以丰富多彩。科研是一件幸福的事，如果你心中装着国家，想到研究的工作会为祖国分忧，能为国家而奔跑，如果你克服的又是天下最难的困难，你还突然成功了，你能不快乐不幸福吗？所以可以理解，为什么比较艰苦的地方，还有人很努力地去工作。

刘中民业余时间也有自己的爱好，他喜欢书法，喜欢摄影。在照相还是挺奢侈的年代，他就用自己学过的化学知识，自己拍摄照片、自己冲洗照片，许多留下来的珍贵老照片都是他自己洗印出来的作品。

刘中民还喜欢阅读，除了阅读与研究相关的书籍，他还喜欢文学作品，最喜欢读鲁迅。他有一套已经很旧的《鲁迅全集》，那是他在 20 世纪 90 年代花了 75 元钱买的，共 17 本，他全部看完了，有几本已经看过好多遍。他说，学习是一生的事情，是乐趣，上学就要好好读书，搞研究就要认真搞研究，做自己喜欢的事从不觉得苦。

生活和科研并不矛盾，有时候还可以互相成就，他经常告诉年轻人，当研究时实验卡壳了就出去走走，听听音乐、看看书，猛然，也许就在这不经意间有了新的灵感和发现，豁然开朗了，问题也就迎刃而解了。

大连化物所在 70 多年的发展历程中，紧密围绕国家需求，为国民经济建设、国家安全和科技进步作出了重要贡献，走出了"任务带学科，学科促发展"的特色之路，发展成为基础研究、应用研究、技术转移转化全链条贯通，在国际上具有重要影响的综合性化学化工研究所。先后有 20 位科学家当选为中国科学院和中国工程院院士，4 位当选为发展中国家科学院院士，1 位当选为欧洲人文和自然科学院院士，1 位当选为加拿大工程院国际院士。截至 2023 年底，在所工作两院院士 13 人，国家高层次人才特殊支持计划入选者 33 人，创新人才推进计划入选者 23 人，国家杰出青年科学基金获得者 32 人，国家优秀青年科学基金获得者 24 人。现有博士生导师 208 人，硕士生导师 230 人。截至 2023 年底，已培养研究生 3704 名，其中博士 2632 名，硕士 1072 名。2013 年以来，以第一完成单位获得省部级以上奖励 90 余项。

近年来，在不断推进中国科学院"率先行动"和科技支撑"双碳"目标行动计划的过程中，大连化物所的科研成果不断涌现，科技、管理人才队伍不断壮大，科研保障条件不断提高，基础设施建设不断完善，研究所的核心竞争力得到显著增强，在中国科学院的各项评估中均取得了优异的成绩。

大连化物所的科研气氛融洽，所领导、老师、学生还有临时工作人员，大家都在一个食堂吃饭。刘中民说，大连化物所本来就是一个研究机构，应该处处体现学术平等、人人平等，保持一个公开公平公正的学术氛围，给年轻人成长打造平台，给科技工作者研究提供好的环境，鼓励出成绩、出成果，让科技之光照亮未来前行之路。

刘中民除了担任大连化物所所长，还担任全国政协常务委员会委员、辽宁省政协副主席等职务，繁忙程度可想而知。尽管荣誉在身，成就非凡，但工作再忙，事情再多，他一直没有放弃搞科研。

他仍担任研究室主任，一直在做研究，即使在外开会，最牵挂的还是科研。当团队遇到问题时，他也会及时开视频会议进行研究。他说，科学研究没有尽头，永无止境。他现在还是经常熬夜，坚持做实验，埋头写报告、改报告。他说，我的事务性工作比较多，但我不能因为我自己的事情把别人弄得很辛苦。有时候实在忙不过来，不得已的情况下在周末或晚上开会。有时候要开到晚上八九点，他还要诚恳地和大家道歉，请大家体谅。研究室的杨伟伟说，其实我们大家都愿意跟着刘所长工作，大家都喜欢他的这种民主且严谨的风格，大家也从不觉得辛苦、不觉得累。

党的十九大报告提出，要推进绿色发展，推进能源生产和消费革命，构建清洁低碳、安全高效的能源体系，着力解决突出环境问题，打赢蓝天保卫战。我国政府承诺，力争2030年前碳排放达到峰值，2060年前实现碳中和。

然而，2060年的目标难以单纯依靠现有技术的累积性进步来实现。针对这一现状，刘中民积极牵头通过组织中国科学院院内能源领域相关科研力量筹建中国科学院洁净能源创新研究院，并负责中国科学院"变革性洁净能源技术及工业示范"战略先导专项的组织实施，专项经费16亿元。此项工作将从能源系统顶层设计角度出发，通过变革性关键技术突破与示范，以技术革命促进能源革命，以实现化石能源、可再生能源、核能的融合发展，助力构建我国清洁低碳、安全高效能源新体系。

成功是奋斗者用汗水和心血浇灌出的娇艳花朵，只有历经风雨的洗礼，才能绽放出迷人的芬芳。成功的道路也绝非坦途，唯有不懈奋斗，方能披荆斩棘，抵达辉煌的彼岸。一路走来，刘中民面向国家能源领域的重大需求，特别是针对煤炭和石油等资源的高效转化利用方面，长期开展催化剂和新催化工艺过程的基础和应用研究，作为技术总负责人主持完成了多项创新成果并实现产业化，取得了令世界瞩目的成就，他先后荣获国家技术发明奖一等奖、国家科学技术进步奖一等奖、辽宁省科学技术最高奖、何梁何利基金科学与技术创新奖、周光召基金会应用科学奖、全国创新争先奖等多项奖励及荣誉，被评为中央电视台2013年度科技创新人物，入选新世纪百千万人才工程国家级人才、享受国务院政府特殊津贴。在国内外学术界和产业界享有良好的声誉，是现代煤化工技术创新和工业化的重要引领者。2015年当选中国工程院院士。

DMTO系列技术已经签订了34套装置的技术实施许可合同（含出口1套），烯烃产能达2320万吨／年。已投产的17套工业装置，烯烃（乙烯+丙烯）产能达1000万吨／年，新增年产值超过千亿元。这些项目的实施开辟了以非石油资源生产低碳烯烃新路线，开创并引领了我国煤制烯烃新兴战略产业，对促进煤炭清洁高效利用、缓解石油供应紧张局面、促进煤化工与石油化工协调发展、保障我国能源安全具有重大意义。

苟利国家生死以，愿得此身长报国。刘中民说："能献身科学是非常幸福的，能为国家作一点贡献也是幸福的。让祖国更强大、人民更幸福，这是我们科技工作者肩负的责任和使命。"

李德生

游子吟

——百岁院士李德生的石油生涯

铁　流　赵方新

小　引

从黄浦江边上海滩头的孜孜少年，到重庆中央大学的青年学子，再到祁连山下戈壁滩上的地质勘探队队员、陕北黄土高原上的石油地质师，直至足迹遍布大河上下、江南塞北，让"找油的哲学"搭乘钻头的力度和激情挺进地层深处……李德生将一生走成了一部

▶ 1985 年，李德生荣获两项国家科学技术进步奖特等奖

跌宕起伏的中国石油编年史，他以全部生命谱写的那曲《游子吟》，伴随着石油的奔腾，深深嵌入了时代浩荡而激越的奏鸣曲中……

一、悠悠玉门情

1958 年初春，闪耀的雪峰、荒凉的戈壁、挂不住目光的砾石台地。玉门油矿依然被箍在凛冽的严寒里。

这段日子，李德生每天被一股浓郁的春意浸润着，眉眼间笑意盈盈。他办公室的窗口，经常飞出一阵阵惬意的笑声，那是他跟同事们在编制 1958 年玉门油矿将达产 100 万吨油的开发方案时，从心窝里放飞的一群群充满憧憬的欢乐的白鸽。

但是谁又能掌握命运的轮盘呢？

当局长杨拯民对李德生说玉门矿务局将抽掉一半人员，去参加川中石油会战时，李德生就知道自己无缘见证玉门油矿增储上产的大发展了。

玉门是李德生的福地，也是他与石油"谈恋爱"的第一个"花前月下"。

1945 年 7 月，23 岁的李德生从重庆中央大学地质系毕业，随即搭乘一辆道奇卡车，一路向北，奔向人生旅途的下一站——玉门油矿。

两个多月后，他接受了平生第一份工作——在刚刚成立的我国第一支重磁力测量队担任一名实习技术员。

生活突然变得活色生香。他跟同事们策马驰骋在祁连山下，全身心地融入地质地球物理测量工作中。入野山、攀危岩、穿层林、

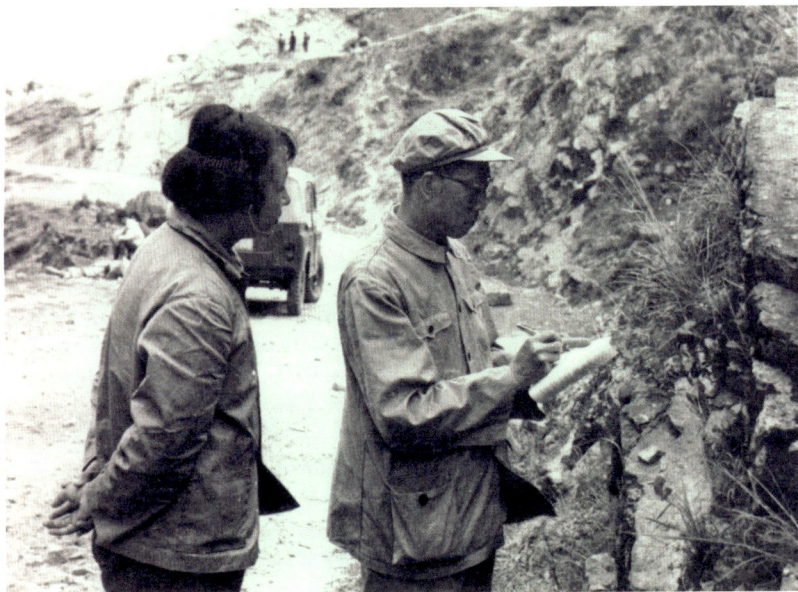

▶ 1958 年 8 月，李德生在四川广安至华蓥山西麓研究地质剖面和油气特征

渡荒河、勘沙漠，啃坚硬如石的干粮，烤牛粪火堆，喝冰化水，盖"冰被"——半夜被冻醒了，嘴巴、鼻子竟被冰块跟棉被"焊"为一体。

有一次遭遇了险情，测量队在黑河一带与 12 头饿绿了眼的狼狭路相逢。他们仗着人多，与狼群对峙着。狼群发出瘆人的呜呜声，戈壁也似乎在颤抖。狼群一点点逼近。危急时刻，李德生和队友拔出油矿配发的自卫长枪迎战，砰砰砰，一阵点射，硝烟散去，狼群丢下两具野狼尸体散开了。闻讯而来的当地老乡欢天喜地地割走了一片片狼舌肉，他们告诉李德生，这东西贴在大门上，能辟邪，"狼见了不敢进门"。

与玉门油矿初次携手一年后，李德生被调回上海中国石油总公司勘探室。

假如李德生与玉门的缘分到此为止，于他而言，玉门只能是他众多的远方之一。偏偏时代的巨手在 1954 年 9 月，再次把他和它紧紧地扭结到一起。

最重要的命运转折点出现在 1949 年的上海。当时公司决定让一部分员工迁往台北，不少同事都在面色焦急地收拾办公桌，准备"孔雀东南飞"。当公司员工管理室主管询问他的去留时，他坚定地回答："台湾岛面积很小，而大陆 960 多万平方公里，经我研究，有 10 个大于 10 万平方公里的大型沉积盆地需要去勘探。我要留下来，去发现新油田。"

这个影响他一生的抉择造就了他迥异于别人的人生景观。

1954 年国家发出了加大玉门油矿开发力度的号召，李德生的命运之轮随即第二次驶向了大西北。

接下来的几年间，李德生开启了满负荷工作模式，他以总地质师身份主持油田勘探工作，一步一个脚印，曲径通幽，渐入佳境。

他上任后的第一件事，是组织人员整理玉门油田第一套比较完整的井史资料，给油田自 1939 年到 1954 年所打的 59 口井补办"出生证"。过去这 59 口油井默默无闻地发光发热，照亮世间，温暖万物，擎举着东方古老民族希冀的火炬，自家面目却一塌糊涂。这下好了，李德生带着一班人给它们一一写出"列传"，把它们的来龙去脉说得一清二楚。这当然不是为了增加文件夹的厚度，为了给人讲什么动听的故事，而是为了指导生产，其实际意义自不待说。1958 年，几名罗马尼亚专家来玉门协助工作，对这套井史资料直竖大拇指。

紧接着，李德生发现了玉门油田的一个超级大漏洞：新中国成立前油田布局在老君庙构造顶部的49口井一直处于未进行系统详探状态！这就是说油田的主力油井都在摸黑工作！还有即将开始全面开发的石油沟油田的地质资料也不甚完备。李德生把这些情况赶忙上报给局里，分管此项工作的副局长焦力人叮嘱李德生说："你们尽快把玉门油田的储量搞清楚，把开发方案定下来，局里全力组织钻井、试油、采油队跟上工作，搞好系统详探，一定把我们的油田建成一个像样的新矿区、新基地！"

这是李德生平生第一次指挥调度这么多人共赴一个目标。本局的同事，石油管理总局的专家，兄弟公司的外援，北京石油学院的大学生，他的办公室里人头攒动，空气温度骤然升高。这也确实是一场大硬仗，作为这次战役的指挥员，他要布置每个进攻的火力点，深入每个战术单元，统筹协调各部门的分进合击。

李德生被淹没在如山的资料堆里，像一名泅渡汪洋的游泳运动员奋力抡划着胳膊，搏击着风浪，向前向前再向前，但依然有越来越多的数据之浪涌过来，越来越多的问题之涛打过来，还有猝不及防的失误的旋涡、偏差的暗流伺机扑来……他稳住阵脚，目光坚毅，从容不迫，因他早已对整个战局了然于胸。哪里是要点，哪里是难点，哪里是切入点，谁擅长储量计算，谁是测量分析的能手，谁在绘图制图上能独当一面，正所谓"知彼知己，百战不殆"。

这场没有硝烟的战役，在1956年初夏落下帷幕：一份玉门矿务局关于老君庙油田和石油沟油田的储量计算报告飞进全国矿产储量委员会的大门。同时，另一份老君庙油田L油层修正开发方案，K油层、M油层地质开发方案和石油沟油田地质开发方案也栖落在石油工业部领导的案头。很快，这事关玉门油田发展、牵系着国人关切的计算报告和开发方案获得了批准。

李德生带领地质室的同人乘胜追击，又接连对青草湾构造、大红圈构造、白杨河构造、鸭儿峡构造等进行综合勘探，最后淘沥出了两块大大的"美钻"——白杨河油田和鸭儿峡油田。

玉门油田大开发的春雷已隐约可闻。

但现实是——他要无缘于玉门关外这个难得的春天了，因为"另一个春天"向他发出了邀请：1958 年 3 月 10 日到 16 日，四川川中地台区龙女寺构造的女 2 井，南充构造的充 3 井和蓬莱构造的蓬 1 井，从侏罗纪地层相继喷出了 60 多吨、300 多吨、100 多吨的高产油流。新成立的石油工业部立即作出了开展川中石油大会战的决定，李德生个人命运的方向也因此陡然而转。

那片从唐诗宋词中走来的巴山蜀水，迎接李德生的到底是繁花似锦，还是凄风苦雨？谁能告诉他呢……

二、巴山夜雨路

1958 年 5 月 15 日，一辆嘎斯 69 吉普车把李德生送到了四川省南充县（现南充市）西藏路上的川中矿务局。

在李德生到来前不久，石油工业部在南充地委大礼堂里召开了全国石油工业南充现场促进会。川中矿务局给石油工业部立下军令状："1958 年钻井进尺 24 万米，原油产量 12 万吨，力争达到 15 万吨。"

川中地区随即成为举国瞩目的焦点。

川中矿务局里到处充满紧张而乐观的空气。

跟局领导和地质室的同事简单见过面后，李德生决定立刻去会会那 3 个主角。

说一千道一万，实践出真知。地质勘探工作需要一个脚印一个脚印地踏勘，在办公室里看上一堆资料，不如到现场实地看一眼。这是李德生坚守的铁律。

5 月 23 日，李德生偕同局地质室的霍本栋、方天曙两位地质师坐上吉普车，直奔位于南充县城以南 60 公里的龙女寺构造。龙女寺钻探大队部设在武胜县板桥镇，他们跟大队地质师彭开启接上头，听他口头介绍了龙女寺背斜构造的大概情况。

几步路就到了女 2 井井场。大队地质员拿出钻井录井日志、地质剖面图、电测图、岩心、分析化验材料、试油采油资料，有条不紊地展示着。李德生盯着它们，眼里冒光，一项项、一页页细察密审，每每此时他都恨不得把自己变成一部扫描仪，把所有关键性数据都拷贝到自己的大脑里。不知过了多长时间，李德生额头上渗出晶亮的汗滴，啪啪啪地滴落在图纸上，像一声声轻轻的喟叹。有人递给李德生一条毛巾，他抹一把脸，挺起僵直的身板："我们开个诸葛亮会吧。"

综合现场资料数据，李德生初步得出几个结论："女 2 井的井喷层位属于侏罗统自流井群上部的凉高山砂岩；龙女寺构造属于陆相自生自储油田；凉高山组砂岩岩心的试验数据表明，其孔隙度、气体渗透率平均值都很低……"

一个大大的问号浮现在李德生的脑海里：女 2 井出油层的平均孔隙度和平均气体渗透率，比他之前工作过的延长油田的砂岩储层低了许多，这是女 2 井的特殊性，还是整个龙女寺构造储层的普遍性？比如，延长油田的出油层上三叠统延长组砂岩平均孔隙度

9.7%，平均气体渗透率 0.293—0.411 毫达西，而女 2 井送检的 15 块岩心中，凉 II 组的 2 块岩心的平均孔隙度最大的也仅为 1.145%，平均气体渗透率最大的也小于 0.1 毫达西。

对外行来说，岩层孔隙度和气体渗透率看上去真是又抽象又无趣，它们到底是做什么用的呢？通俗地说，就是表示岩层出油能力好坏的。

女 2 井储层渗透性这样低、这样差，那它的原油是怎样来的呢？这是下一步解决问题的重点。

5 月 25 日，离开板桥镇，李德生一行前往驻扎在南充县东观镇的南充钻探大队，在大队地质师李克勤的陪同下对南充构造上的几口油井展开调查。

南充构造是一个闭合面积 200 平方公里、闭合高度 200—210 米的区域，有两个小高点，西高点布置有充 1 井井位，东高点布置有充 4 井井位。早前打出油来的充 3 井位于充 1 井高点南翼，自然是李德生本次考察的重点对象，"走，我们先去拜访充 3 井吧"。

充 3 井可是这次会战当之无愧的明星，它开钻于 1957 年 12 月 1 日。1958 年 3 月 12 日钻至 1522.9 米的下侏罗统凉高山组时，突然发生剧烈井喷，黄绿色的粗壮油流喷薄而出，犹如一棵神奇的大树从地下钻出来，瞬间油雨飘泼，煞是壮观。

充 3 井出油的消息传到石油工业部，整座大楼为之沸腾。这也成为最终促成川中石油大会战的一个最重的砝码。

李德生几人到达充 3 井井场，走进值班室，地上摆着 4 个箱子，里面装着从充 3 井里取出的岩心。李德生蹲下身，拿起一块凉凉滑滑的岩心仔细端详。看完一块，再看一块，不放过任何一块，不分大小、不分媸妍，一视同仁。

在地质界有个流行的说法：上天容易入地难。因地层状况无法直接观察，唯一的、最直接的依据就是岩心。对李德生来说，这一块块岩心就是地层的语言表达，就是地层深处绽放的花朵，就是地层的心跳。

充 3 井井喷出油段凉高山组凉二组岩心，是一种浅灰色细粒致密石英岩。它的一个显著的特征是具有多条垂直、平行和斜交的裂缝；其有效孔隙度为 0.78%—3.99%，气体渗透率平均小于 0.1 毫达西。4 月 12 日正式试油，13 日畅喷 298.8 吨油，17 日后，油井开始间歇喷油，日产量骤降至 24 吨，19 日开始修井，灌注泥浆 24 吨压井，全部走失没有返回，5 月重新开井，自喷 3 天，日产量降至 10 吨左右。

李克勤给出的判断是：充 3 井遭遇了凉二组砂岩裂缝系统！

李德生的心忽然一沉，胸口一阵郁闷。再联系到龙女寺构造岩心的孔隙度、气体渗透率情况，他顿感问题严重。虽然现在尚不能完整判断整个川中地台区的地质构造，但从所掌握的资料来看，川中油田存在许多不确定性，却是确定无疑的了。

李德生怀着忐忑的心情，跟随李克勤来到了 3 公里外的充 1 井井场。

充 1 井 1957 年 12 月 14 日完钻于 1468.92 米井深，凉高山油层全部钻穿，产气量 408.5 立方米 / 日，提劳产油 973 升 / 日，妥妥的一口低产油气井。其岩心孔隙度、气体渗透率等各项数据跟充 3 井相仿。问题来了，为什么充 1 井处于构造高点而且距离出油较为丰沛的充 3 井仅 3 公里，其表现却是天壤之别呢？这个问题如同一团沉重的彤云笼罩在李德生几个人的心头。

第二天一早，李德生一行草草吃过早饭，步行去往充4井。

拿到充4井的岩心后，李德生仔细研究了一番，也是很致密的凉高山组砂岩。站在采油树下，望着7毫米油嘴里自喷而出的黑亮的油流，李德生陷入了沉思。充4井试油当日，7毫米油嘴出油105吨，气13650立方米，5月21日再次开井自喷出油，依然用7毫米油嘴，日产油量降为20.67吨，月递减率为19.69%。李德生从笔记本里，查出了工作过的延长油田"七45井"的开采曲线图，与充4井进行比对，二者产油的递减率和油层压力降落规律极为相似，而延长油田七45井就是典型的裂缝性储层。

又见裂缝！

充4井虽然目前表现还好，但就其递减率分析，前景不容乐观。这基本就是所有裂缝性油井的宿命。

5月28日，李德生离开东观镇赶往第三站——蓬1井所在地四川大英县蓬莱镇。

蓬1井的情况可以用很不乐观来概括：蓬1井位于蓬莱构造顶部，1957年3月16日钻至1602.34米时发生强烈井喷，7小时57分共喷出原油218.74吨，喷油后井口又溢出222立方盐水；该井在200.53米以下全部为裸眼钻进，井喷发生后，井壁垮塌，钻杆、钻链、钻头全部被1591.47米以下的黑暗吞噬；根据所取岩心判断，出油层亦为极致密储层。蓬1井曾经试图"解卡"，没成功，又试图以钻杆射孔当油管产油，没想到的是半截射孔枪和6个铅锤又掉进井筒，彻底"凉凉"了。

李德生的心情依然是密云不雨。

5 月 30 日，李德生结束考察，返回南充。潘书麟要去遂宁县（现遂宁市）办事，搭了顺风车。当车过桂花镇时，潘书麟叫司机停下车，引领李德生 3 人到郪江与涪江交汇处看了一处上沙溪庙组厚砂岩露头，李德生在现场看到了一个大型的 X 型裂缝。他的心仿佛被什么重物撞击了一下似的，他什么话也没说。此时此刻，他的心里不知有多少个"X"在翻涌！

李德生不知道的是就在他们开始这次实地勘察的 5 月 23 日，在北京刚刚结束的党的第八届全国人民代表大会第二次会议上提出了"鼓足干劲、力争上游、多快好省地建设社会主义"的总路线，一场巨型风暴即将席卷而来。他，将成为这场风暴中的一片树叶。

回到驻地后，李德生随即向局长秦文彩、书记李润滋作了汇报，并就油井出现的问题和下一步的钻探工作一一给出了方案。李德生这时才晓得关于油井出油类型的焦虑不仅困惑着他，还有身边的人，甚至有石油工业部的最高层领导。他虽然已有自己的初步判断，但在没有严密的数据论证前，他只能将答案沉在心湖之底。

其后川中油田的钻探形势渐趋明朗。7—9 月进入酷暑季，川中地区一台台钻机昼夜不停，李德生带领同事马不停蹄穿梭于各个井场间，忙于收集数据；8 月底，20 口关键井陆续完井，各项数据采集也接近尾声，那一箩筐的问题即将被一阵清风吹到爪哇国去——那么问题来了，谁来当这阵"清风"呢？

这段日子，石油工业部派出一拨拨人赶来川中助阵加督战。部勘探司总工程师姜辅志和石油科学研究院地质室主任曾鼎乾来后，没有下基层，而是一头扎进地质室和工程室，察看当年的地质月报和生产月报。

曾鼎乾直接把一个问题抛给了李德生："龙女寺、南充、蓬莱镇3个出油构造到底是不是裂缝型油田？"

李德生深知下面的回答必将影响许多人的命运，必将给自己带来无法预测的变数，但他的信念不允许他玩弄模棱两可的把戏，必须老老实实地予以回答："龙女寺、南充和蓬莱镇可能都不属于构造圈闭油藏。"

曾鼎乾曾在四川石油勘探局（现中国石油天然气股份有限公司西南油气田分公司）干过总地质师，对四川的地质情况很熟悉，他盯着李德生好久没说话，叹口气说："你的意思是说这3个构造不可能找到大油田？"

李德生说："南充和龙女寺构造的主要储油层为凉高山砂岩的灰白色致密砂岩储层，孔隙度和渗透率极低。这样致密的储层，裂缝为油气的主要通道，钻遇砂岩中的大裂缝系统，油井就能获得高产，钻遇小裂缝系统油井就低产，未钻遇裂缝的油井，就是干井。"

曾鼎乾问："那——蓬莱构造的情况呢？"

李德生说："蓬莱构造的主要储油层大安寨灰岩在凉高山砂岩之下，为下侏罗统自流井群深水湖相沉积的含介形虫化石的致密灰岩，中间夹有大段黑色页岩，为主要的生油岩。其孔隙度一般为1%—2%，渗透率小于0.1毫达西，以溶孔为主要储集空间和以裂缝为主要渗流通道。"

曾鼎乾说："你的结论是这3个构造都属裂缝型油田？"

李德生点点头："这个结论是建立在事实基础上的。"

曾鼎乾有些颓唐地说："李总啊，这次大会战是部里的重大部署，在当前形势下，你一定要谨言慎行啊！"

李德生困惑地看着他："你既然问到我了，我只能如实回答。"

与此同时，姜辅志跟川中矿务局总工程师刘荫蕃和试采总工程师王季明谈话。问到打井工程情况时，刘荫蕃说："钻井工人和技术人员克服了重重困难，我们终于完成了20口关键井的任务。至于其他问题，一时还说不清啊。"

火暴的王季明说："根据我的测算，川中油田要完成年产油300万吨的任务，需要钻3万口井！"

姜辅志一时呆住了。

形势陡转直下。

10月6—26日，石油工业部在新疆克拉玛依召开现场会，通知秦文彩和李德生参会。临行前，李德生问秦文彩需不需要准备汇报材料和图表，秦文彩说："没听说让我们汇报。"李德生瞬间嗅到了一丝吊诡的气息。

果然，现场会上演了一场重头戏——"拔白旗"，川中矿务局总地质师李德生、新疆矿务局总工程师史久光、江苏石油勘探局总工程师李光镇，被点名上台。被点名是因为"李德生破坏川中石油会战"。李德生一个知识分子实在搞不明白：说真话怎么就成了"破坏会战"？难道说假话说违心话说含糊话说不负责任的话就是"支持会战"吗？他看过那么多书、聆听过那么多前辈学者的教诲，搞地质勘探岂容得一丝一毫的作假，否则，大地不答应，自己的良心也不答应啊！会后，李德生被安排进社会主义教育学习班，重新学习去了。新进学习班的"裂缝派"干部不断带来关于会战的新消息：龙女寺、南充、蓬莱3个构造已结束大剖面探井，改打"梅花井"，这意味着大规模的面上钻探没有取得预期成效，只能重点突破了；距女 2 井 39.5 米水平距离开钻的"女 1066 井"已取出岩心，证实女 2 井凉高山组出油层位并不存在疏松砂层，这也直接证明了该构造的裂缝型地质特征。很快，3 个构造上的"梅花井"也出现了干井，重点突破也告破产……来自川中地层的越来越多的第一手资料，无可辩驳地证实：川中油藏为裂缝油藏！

1959 年 3 月下旬，石油工业部副部长康世恩在南充主持召开石油部地质勘探和基本建设会议。他以沉痛的语气实事求是地承认，原来提出的一些重要目标没有实现，大油田没有拿到手，而且短时间内也不可能拿到手，久攻不下，川中会战打成了消耗战，"石油工业部党组决定，结束川中会战"。

会场一片沉寂。虽千万人吾往矣，李德生立身于旋涡，不为形势所屈，他为之坚持的观点取得了完胜，但这胜利付出的代价，不仅是他个人的被冷处理，更严重的是决策失误造成了无法估量的人力、物力、财力的损失。他一点也高兴不起来。

更为奇怪的是他的境遇并未因此而得以彻底改变。昔日的熟人朋友领导对他的态度甚是淡漠，纷纷敬而远之，更有甚者避而远之，他百思不得其解——他一个只知做学问的人，怎么能参破得了人情世故呢？

1959 年早春，石油工业部石油科学研究院向低谷里的李德生抛出了橄榄枝：聘他为石油科学研究院主任地质师，从四川调到北京工作。

由此，李德生冷寂的内心投进一缕阳光，人生的考场也即将迎来一次新的严峻考验……

三、苍莽松辽行

黑龙江省肇州县大同镇。

旭日鲜红，砰地跳出银灰色的地平线，顿时皑皑雪原泼火流丹，新的一天开始了。

这是崭新的日历刚撕下第一页后的一天：1960 年 1 月 2 日。这个日子以一种钢浇铁铸般的姿态屹立在李德生的记忆深处。

李德生推开松辽石油勘探局绘图室的门，满眼血丝纵横，凛冽的寒气瞬间驱散了加班加点一夜未眠的疲惫。他痛痛快快打了个寒战，抬头瞭一眼东方微微泛白的天际，铅色的天幕上挂着几颗即将隐退的寒星，耳中灌满了一声声此起彼伏的鸡鸣声，他冲着旁边的房子喊道："邓处长，准备出发啦！"

石油工业部地质勘探司钻井调度处处长邓礼让隔着门窗应道："好嘞，车辆、家伙早就准备好了！"

小院里立刻响起了各种声音的混响，突突突，一阵机器马达的"男高音"压下所有喧哗。一辆嘎斯 69 吉普车率先冲上冰封雪盖的路面，轰的一声溅起一圈雪末霰粒，紧跟其后的是一辆 51 型卡车，两辆车的轰鸣碾碎了雪野清晨的岑寂，冉冉升起的朝阳为它们剪出一帧散发着金色芒刺的剪影。

小镇缓缓醒来。

几年前，苦觅石油的地质工作者把目光投向遥远而广袤的松辽盆地。经过一系列调查、勘探，在盆地西北部发现一个巨大的隆起构造，油气资源前景颇值得期待。

1958 年，第一口探井——"松基 3 井"定位在了肇州县大同镇高台子构造隆起之上。1959 年 4 月开钻，9 月 26 日上午 10 时 30 分左右，一股黑色的油流突破亿万年地层的桎梏喷涌而出，尽情拥抱着灿烂的阳光，恣肆地洒向黑土地。

一个多月后，时任黑龙江省委第一书记欧阳钦亲临大同镇慰问参战职工，目睹松基 3 井喷油的壮丽场景后，他心潮澎湃，当即提议，为庆祝新中国成立 10 周年，把松基 3 井所在的大同镇更名为大庆镇。这座寂寂无闻的小镇伴随着新的名称走进了共和国的编年史。

松基 3 井喷油两个多月后，石油科学研究院党委书记、院长张俊把手下的专家召集到一起，下达了一个指令：余秋里部长将于 12 月 26 日亲自到大庆镇视察，他要求石油科学院和勘探司组成一个专家组，先期到达那里，与松辽石油勘探局的专家会商研究。务必要回答 3 个问题：松辽油田是大油田还是小油田？是好油田还是坏油田？是活油田还是死油田？

李德生就是受命专家之一。

抵达松辽石油勘探局驻地大庆镇后，李德生跟同事们立即投入紧张的工作中，勘探松基 3 井现场，充分了解分析各种数据，每天的工作排得满满的，忙得脚打后脑勺，准备迎接余秋里的到来。

12 月 26 日，余秋里一行来到大庆镇，一连几天冒着零下三十几摄氏度的低温实地考察，慰问一线钻井工人。他有时笑容满面，有时一脸冷峻，大家都能感觉得到他心里压着一块万钧磐石。

刚刚经历过川中石油会战的"滑铁卢"，中国石油工业的幼树惨遭霜雪，垂头丧气，它急需一剂强心针。

果然，在随后召开的松辽石油勘探局干部大会上，余秋里讲话开篇就抛出了那3个比天大比地大的"？"："我要听听大家对松辽油田的意见！它——到底是个大油田还是小油田？是个好油田还是坏油田？是活油田还是死油田？"

部长的话在会场里嗡嗡回荡，震得尘土簌簌。

没人搭腔。

他又说："同志们啊，一口井出油不等于一个构造出油，几个构造出油不等于连片有油，一时高产不等于能够长期高产。"这是血的教训在他心里写下的箴言。

开始点名发言。一个接着一个汇报，发表意见，但对这3个大大的"？"，有的退避三舍，有的虚晃一枪，有的熟视无睹。这座由3个"？"组成的冰山，依旧岿然不动，怪了个天！而且随着时间一点一滴地流逝，人们惊奇地发现它还在噌噌地长高！

余秋里的眉头拧成了一个铁疙瘩，面色如铅。

轮到李德生了，他站起身，以沉稳从容的口气说道："根据松基3井岩心的分析数据，它的储油砂岩孔隙度为23%，渗透率为170毫达西，已接近于我工作过的甘肃玉门油田主力油层L油层砂岩孔隙度的21.7%，渗透率309毫达西，好于陕西延长油田的含油砂岩孔隙度8.31%，渗透率0.259毫达西，更好于四川川中油田含油砂岩的孔隙度1%—4.5%，渗透率小于0.1毫达西。这表明松辽油田已是好油田在望。"

会场静极。

余秋里眯缝着双目，望着这位曾经在川中会战中大泼冷水的中年人，脸上的冰霜裂开了一条细缝。张俊则面露焦急之色。他没料到，这位部下一年前因直言刚跌了大跟头，不知韬光养晦，今天当着这么多人，还有石油系统的当家人，又大胆放言了。更多的人开始时低着头不敢去看李德生，后来在他平静的阐述中抬起头看看他，又瞟瞟余秋里。

李德生并没发现会场气氛的微妙变化，他继续坦陈着自己的观点："松基 3 井的原油为黑褐色，20 摄氏度时比重为 0.855，凝固点 20—30 摄氏度，高含蜡量 23%，低含硫量 0.1%—0.5%，是典型的陆相石蜡基石油。但松辽盆地地温梯度每 100 米高达 3.5—4.2 摄氏度，松基 3 井高台子油层温度为 47—51 摄氏度。所以原油在地下的流动性比较好，可以自喷采油。"

余秋里始终紧盯着李德生，生怕听漏了他说的一个字。

李德生稍微提高了分贝，说出了自己的结论："基于以上数据资料，我认为松辽盆地好油田已经在望。"

余秋里下意识地拍了一下桌子，向李德生投来赞许的目光，带头鼓掌，随即会场响起热烈的掌声。

事后，李德生才知道不少熟人为他捏了一把汗，但他并未觉得有什么不妥，作为一名科技工作者还有什么比净言更重要的，这是他的本分，也是他的底气。

……

李德生坐在吉普车副驾驶座位，一手拿着一张地图，一手拿着一个地质罗盘，眼睛一会儿紧盯着前方，一会儿左右巡视着，一会儿再低头看看罗盘。后排坐着邓礼让和李德生的助手、地质员李木旺。车轮之下厚厚的积雪发出吱吱嘎嘎的怪叫，露出雪层的枯黄的芨芨草点缀着单调的视野。忽然吉普车一头扎进一个雪窝子里，车里的人被猛然向前掀去，头撞在前玻璃或椅背上，一片惊呼。车子好不容易吭哧吭哧爬出来，又突然一个侧滑打圈，把人甩得晕头转向。后面的卡车里乘坐着井位测量队的 5 名队员，装着经纬仪、仪器架子、标尺杆、井位桩、小红旗等测绘器材和汽油桶、水桶等物料。两辆车上的人均是老羊皮袄、长毛皮帽、长筒皮靴全副武装，即便这样，沉重的寒气还是伸出一根根针，扎着暴露在外面的脸面、鼻子、眼睛，脑仁似乎被什么东西挤压得生疼，呼进鼻腔的空气犹如一匹匹发疯的小兽，啃噬着黏膜，叫人说不出的难受。

茫茫雪野，哪有路啊，只能以或远或近的稀疏的村子和"水泡子"作为参照物，罗盘定好方向，凭感觉前行。两辆车子像两只笨拙的甲壳虫，迟钝地向北推移着。目标地是大庆镇以北直线距离 70 公里的大架子屯。按照正常车速，这点路也就踩几脚油门的事，他们却足足折腾了老半天，下午 1 点多钟才到。

这是一个仅有几十户人家的小屯子。

他们敲开一户老乡的门，讨了些热水，摸出随身带的干粮，垫了垫肚子。这当口儿屯长抽着大烟袋来了。李德生跟他说明来意。屯长咬着烟袋杆沉思片刻说："前阵子确实有一伙人围着屯子搞测量来着，最后还砸下了一块水泥桩。"李德生说："那叫基准桩。"屯长嘟嘟囔囔道："啥基准桩不基准桩的，不就是块水泥桩子吗？"邓礼让甩给屯长一盒纸烟："等会儿还得麻烦您带我们找找那块水泥桩子。"屯长说："一家人啥好客气的。"

日头当顶，洒下大把大把耀眼而无力的光，地上的雪举着白花花的光迎上去，两种光交相辉映，晃得人眼花缭乱。屯长带着这支穿戴臃肿的小分队，来到村外不远处的一个高坡，说道："就这儿。"测量员挥铲刨掉积雪，露出了基准桩的桩头。

李德生和邓礼让指挥队员架起经纬仪，打起红旗，开始测定第一个"野猫井"——萨1井的位置。

"野猫井"，是石油钻井行业的一个俗称，从英文"wild cat wel"翻译而来，指孤单的石油普查井、突然见油气喷发的井。

这是一个极其平常的冬日午后，微风吹动枯草，草叶弹出索索的微音，屯子上空袅袅着几缕淡蓝的炊烟，人声、鸡鸣声、犬吠声、杂乱声，听上去钝钝的远远的，远处的森林影子淡淡的稀稀的，像一道水墨画屏，再远处冰河雪山似乎正沉入了一个亘古的幽梦……没有人发现那时的天格外蓝，蓝得如同被精心髹上了一层靛漆，就像李德生并未意识到，他此刻踏在雪地上的每一个脚印，都在一步步牵引着祖国的石油巨轮驶上一段崭新的航程。

李德生高声吆喝着，挥舞手臂，调度着测量员按照他根据手中的地形图和地震构造图判断的点位跑位，插下作为标识的一面面小红旗，这些旗子犹如在雪野里点着了一支支火炬，照亮人们的视野。

李德生拖着沾满雪泥的毡靴，一会儿跑左，一会儿跑右，轻灵得像一匹撒欢的马驹；邓礼让和李木旺紧随其后，像两朵飘忽不定而又富有黏性的云；懂行的人，能看出他们跑动的路线很有规律，甚至他们的动作都暗合着某种舞蹈的韵律。这片浅印着鸟雀"爪花儿"和深镂着不知名的野兽足迹的雪地，被这群人踩得一塌糊涂，有人不小心跌倒了，像个绣球在雪坡上滚了好几米，有人捏了个雪蛋，偷偷丢进同事的脖颈里，弄得人家急躁躁地跳高跺脚。屯长冲着悠悠长天吐出一团"人造云"，呵呵呵地笑起来，他脸上早先板结的霜雪融化了。

李德生忽然停住脚步，心脏怦怦地加速跳起来，他知道他们已经踏勘到了萨尔图背斜结构的高点，他定定地伫立在那里，脚底涌来一阵神秘莫测的嗵嗵地跳动，这跳动顶撞着他的脚心，他感觉脚下踩住了一团炽烈的活泼的火焰。

……

1960 年元旦这天，一位"不速之客"的到来，将松辽油田勘探的方向扭了个"180 度的大转弯"。

就在余秋里结束考察，准备动身离开大庆镇，前往哈尔滨，再转道上海参加中央政治局扩大会议之际，地质部长春物探大队送来了一张刚刚完成的 1∶10 万的大庆长垣北部 T1 层地震详查构造图。

这是一张饱含特殊历史意味的图。

当即余秋里所住招待所的会客室变成了热烈的讨论室。余秋里带领众人聚拢在这张图前，目光随着图上起起伏伏、圈圈绕绕的曲线，他敏锐地察觉到了这张图的不同凡响：松基 3 井所在的高台子构造位于大庆长垣构造带的南部，在松基 3 井以南还有一个大型的葡萄花构造，以北有个小型的太平屯构造，目前勘探的重点就是围绕松基 3 井，在葡萄花构造上展开优势兵力，大打"歼灭战"，以期发现一座大油田；而这张图，突然把大家的目光引向了大庆长垣北部的构造带，在那里赫然标注着 3 个穹隆背斜构造带的名字：萨尔图、喇嘛甸、杏树岗。

余秋里的手指使劲在这 3 个地质构造上戳戳点点着，恨不得当即把指头变成钻头，冲着这 3 个地点钻下去。他按捺不住兴奋之情，说："同志哥啊，我们是不是把思路放得更开阔一些啊？"

一种声音是："目前已经在葡萄花展开会战之势，有松基 3 井的试喷成功，勘探出大油田是指日可待的事！撇开南部北进，不仅风险大，而且劳民伤财！"

余秋里僵着神情没表态。

一种声音说："根据松基 3 井与葡 1 井电测图对比，储油砂岩有向北加厚的趋势。但萨尔图背斜结构距离大庆镇 70 多公里，如果沉积物源是从北面小兴安岭过来的，那么往北去的砂质变粗，可能变成砾岩储层。孔隙度、渗透率可能变差，出油率也就不好说了。"

余秋里拧着眉头。

还有一种声音："这里油层的水都是从北面露头来的。根据水文地质规律，油和水有个分界线，在哪里？不知道。探井打下去，目标层内可能是油也可能是水。"其意是往北面勘探，打出水井的概率着实不小。

余秋里把目光转向李德生。

李德生在看到这张图后，他的大脑就开始高速运转，手上的笔同时在笔记本上飞速地演算，等他抬起头跟余秋里的目光对接的一瞬，他的观点已经在心底水落石出："萨尔图、杏树岗、喇嘛甸的构造高点 T1 层各比高台子构造高出 340 米、185 米、170 米。而且这 3 个构造圈闭条件都很好。按照油气运移规律，这 3 个构造如果为同一油源，那么聚油聚气的可能性很大。因此我建议在这 3 个构造高点各定一口'野猫井'。"

李德生又一次语惊四座。

余秋里对松辽石油勘探局领导和张俊说："我看就派李德生同

志率领一个测量队，前往这 3 个构造，每个构造确定一个预探井井位。邓礼让同志跟上，一等测定好，立刻调集钻井队，早日开钻，越早越好！"

"到哪里去找一张精确的地形图呢？"这个念头一跳出来，就惊了李德生一身冷汗，茫茫雪野，仅凭一张 1∶10 万的地震构造图，怎么能踏勘出精准的井位呢？

他利索地卷起地震构造图，跟众人打个招呼，拉上邓礼让，跌跌撞撞地跑出会客室，旋风一般刮进绘图室，大声招呼几个绘图员："今晚干通宵吧，一定把这张 1∶10 万的图，放大到咱那张 1∶5 万的地形图上！"他把图铺在桌子上，又让人拿来松辽局仅有的那张 1∶5 万的地形图——真是可怜啊！如此大的松辽局，就只有这一张 1∶5 万的地形图——说干就干。

李德生是这场小型战役的总指挥，他要鉴定每一条线的准确性，因为他知道任何一条线走了板，都会殃及相关的线走样变形，修改再修改，否定之否定，反反复复，来来回回。不知不觉中，窗外传来了公鸡的啼唱。放大工作接近尾声了。李德生扶住桌面使劲伸了伸腰，僵板的脊背发出嘎嘎啪啪的声音，好像春天的河流在融冰。他看看身边的同事扑哧笑出了声，原来一夜油烟已把人们的脸庞熏成了"黑包公"，通红的眼睛画在那儿，一闪一闪的，甚是滑稽古怪。别人瞅瞅他，也笑出了声。

这个难忘的夜晚永远铭刻在李德生的记忆里，也记录进了大庆油田的史册里，正是有了这些人的艰辛跋涉，才有了一个历史时刻的提前到来。

……

终于，他们在大架子屯以北 1 公里找到了萨尔图背斜结构的高点，经过反复确认无误后，李德生下令测量队打下了萨 1 井的井位桩。

冬日即将落下，雪地被敷上一层胭脂般粉嫩的晚霞，煞是好看。

李德生叮嘱屯长要保护好这个井位桩，"将来这里要建一座大油田，乡亲们的名字都得上功劳簿啊。"

当晚他们驱车向北，投宿萨尔图镇，在火车站旁找到一家客栈安顿下来。吃着热气腾腾的苞米楂子饭，那种涌上心头的幸福感汇成了李德生眼中的泪花。他们高声大气地商量着明天的日程。邓礼让提出明早立刻赶回大庆镇，调度 32149 钻井队搬到萨 1 井井位，"早日开钻，早日出油，帮余部长早日决策"。他那颗滚烫的心啊，跟李德生如出一辙。李德生敬佩地看了一眼邓礼让："好啊！就让我们花开两朵各表一枝吧！"

天刚蒙蒙亮，邓礼让踏上了返回的火车，而李德生一行则向北穿过铁路线，沿着一条疙疙瘩瘩的土路，驶向 16 公里外的喇嘛甸镇。

当天他们就在喇嘛甸镇红星猪场以北 1500 米处，找到了喇嘛甸构造的高点，打下了喇 1 井预探井的井位桩。

1 月 4 日上午，李德生带领测量队掉头向南折返 40 公里，在安达县（现安达市）义和乡大同屯以南测定了杏树岗地震构造高点，打下了杏 1 井预探井井位桩。

当天下午，他们急急返回大庆镇，当晚李德生就向张俊和专家组汇报了测定 3 口预探井位的过程和具体位置。

1月5日，萨1井、喇1井、杏1井就被标记在了"松辽盆地勘探形势图"上。

与此同时，3支钻井队迅疾转场，进入3个预探井井位，紧锣密鼓地开始钻探。

3月初，李德生跟随张俊到哈尔滨黑龙江省委招待所，参加康世恩副部长主持召开的松辽石油会战筹备会议。

3月4日，康世恩突然接到邓礼让从萨尔图镇邮电所打来的电话。邓礼让兴奋地告诉康世恩，萨1井已钻探至1089.4米，从钻至770米就开始肉眼可见含油岩屑，到目前为止一直有油砂返出，泥浆中油花朵朵开。他请示：是继续按既定深度钻下去，还是停钻试油？

康世恩大声喊道："老邓，你们立了大功啦！立即停钻！等候专家研判！"

放下电话，他满脸喜气地看着李德生等人："我们可能逮着'大鱼'了！德生同志，你立刻跟余伯良同志赶往萨1井，有3项任务：一是对这口井的钻井地质资料进行复查，对含油井段和含油岩屑进行鉴定；二是确定这口井的电测工作系列，在现场进行油、气、水层解释；三是对油层作出评价，确定试油射孔层位，取得产量、压力、原油、天然气物理性质等各项参数。"

这个消息同样让李德生激动不已，这意味着由他亲定的萨1井井位点中了油藏的"要穴"。

康世恩紧握他的手说："时间不等人，你们立即出发吧！"

李德生和松辽石油勘探局总地质师余伯良踏着夜色，赶到哈尔滨车站，坐上开往萨尔图的火车，偏偏这是一趟慢车，每站必停。抵达萨尔图车站时，已是半夜两点钟，阒寂的小站酣然入梦，只有候车室里挂着一盏昏黄的马灯，光线透过窗玻璃洒在脚下的积雪上。李德生抬头望望那盏孤灯，眼中忽然涌出热辣辣的泪水。

果然，萨1井的表现堪称惊艳，超越了当时中国勘探成功的任何一眼油井：其油砂结构、矿物组成、胶结物和孔隙性均处于良好状态，多油层叠加厚度达到不可思议的210米，油气富集程度稳稳地碾压了大庆长垣结构南部的高台子和葡萄花。

辽阔的松辽平原那亿万年的沉寂，正在被一根有力的杠杆撬动，透出了旭日的初光。

"立刻停钻试油！"康世恩当机立断下达指令。

试油工作在李德生、余伯良的指导下有序进行，射开目标油层，以清水替出泥浆后，一股闪亮的乌黑的油流犹如一条黑龙从地底下腾空而起，行云播雨。那天夜间气温降至零下40摄氏度，从油管喷出的原油像黑色咖啡豆一样从空中散落在井场上。人们站在这黑色的"雨幕"里绽开了舒心的笑容。

萨1井畅喷日产油量达200多吨，改为7毫米油嘴自喷后为76吨，好一口优质高产井啊！

试油这段日子，李德生和邓礼让成了萨尔图邮电所的常客，每天他俩通过那台手摇式长途电话机，向哈尔滨的筹备会会场和石油工业部汇报进度。因为线路条件比较差，每次通话都要声嘶力竭地大喊大叫，一打电话，就像跟人在吵架，因此引来附近一群老乡趴在窗台上窥听，或扒着门框瞥视。等弄明白了所以然，老乡们兴奋地传递着一个消息："咱们萨尔图红色草原牧场如今不光有牛，还有油了！"

紧接着杏1井、喇1井也传来捷报。

杏树岗构造高点的预探井杏1井于1960年3月7日开钻，

4月8日钻达井深1150.6米，完钻试油，萨尔图油层和葡萄花油层都含油。电测解释油层厚25.6米。射开葡萄花油层试油结果：7毫米油嘴自喷日产油量53吨，油气比46立方米气/吨油，原始地层压力111.3个大气压，压力系数1.06，流动压力82个大气压。

喇嘛甸构造高点的预探井喇1井由3242钻井队于3月28日开钻。同样不取岩心，快速钻进。从井深882米开始在岩屑中见到油砂。4月16日钻达井深1225米完钻。萨尔图油层、葡萄花油层和高台子油层解释有良好及较好油层共厚53.4米。显示喇嘛甸构造为一带气顶的油藏。经与领导研究后，决定4月25日射开1004.5—1043.5米葡萄花油层的9层好油层，总厚度18.8米。试油结果，用9毫米油嘴自喷，日产油量150吨。改用5毫米油嘴自喷后，日产油量48吨，均不含水。原始地层压力109.2个大气压，压力系数1.07。

形势逼人。

石油工业部松辽石油会战指挥部在安达县城成立了，余秋里、康世恩、孙静文等部领导亲自赶来领导会战，7万石油大军犹如天兵天将忽降边塞小城，一时间这里热闹非凡，盛况空前。

4月29日，"五一"国际劳动节前夕，春雨霏霏，萨尔图露天草场万人聚会，大庆油田石油大会战誓师大会成为当天国内乃至世界瞩目的焦点。

战略部署"大挪移"：原定以大庆长垣构造南部为勘探重点的方略，改变为以大庆长垣构造北部为重点。

自3月11日到4月25日，以萨1井、杏1井、喇1井的试油成功为标志，大庆油田的开发驶入了快车道，一个白垩系陆相沉积大油田的轮廓已呈现在世人面前，后人用"三点定乾坤"来评价它之于大庆油田、之于中国的意义。

1963 年底，大会战落下帷幕，李德生眼含热泪告别了风雪弥漫中的松辽大地，一段新的征途正向他发出殷殷召唤。

……

1963 年 12 月 3 日，周恩来总理在党的第二届全国人民代表大会第四次会议上庄严宣告："中国石油已经基本自给。"

1964 年，大庆油田产油 500 万吨，我国石油实现基本自给；1976 年大庆油田全面开发，原油年产量稳定在 5000 万吨以上，中国将西方一直冠以的"贫油国的帽子"彻底甩到了太平洋里。

1982 年，"大庆油田发现过程中的地球科学工作"项目获得国家自然科学奖一等奖，李四光、黄汲清等 23 位地球科学工作者分享了这一殊荣，李德生的名字赫然在列。

▶1991 年，李德生（右）与著名石油地质学家童宪章、翁文波讨论我国含油气前景

尾 声

甘肃、上海、陕西、四川、黑龙江、山东……几个木箱，一个罗盘，一张地图，说走就走，70 多年间，李德生的足迹遍布 960 多万平方公里上大大小小 200 多个沉积盆地。

1993 年 8 月，一位两鬓斑白的老者伫立在新疆塔里木盆地一片沙漠里，面对着眼前几株或直立或欹侧或卧倒的遍体金黄的胡杨树陷入了沉思。

一位青年学子问道："老师，您在想什么？"

老者答道："我在想，这种树生命力之所以如此顽强，就是因为它的根扎得很深，能够吸收到地层深处的水分，当年发配到这里的林则徐肯定从它身上汲取了力量，受到了启发，才发明了坎儿井。"

青年学子望着他说："老师，我看您跟这胡杨树也有得一比。"

老者笑眯眯地看着他，鼓励他继续说下去。

"您看啊，为国找油的信念不就是您一生的根脉吗？不管风风雨雨，不管荣辱成败，不管世态炎凉，您都把这根脉深深扎进大地深处，您走得坚定，立得挺拔，不向挫折打击低头屈服，咬定青山不放松，终于活成了一棵坚韧不拔、傲岸高洁的胡杨树。"

老者笑笑说："不，不，胡杨树是我们每一个地质石油人的象征。"

他的目光眺向了远方。

那年，已是中国科学院院士的李德生，在妻子朱琪昌陪同下，

▶ 2009 年 8 月，李德生在玉门油田酒东盆地观察下白垩统下沟组储油层岩心

带领由程裕淇院士、刘光鼎院士、欧阳自远院士组成的院士小组，远赴新疆库尔勒市开展 85-101 项目塔里木盆地油气资源中期评估。中途暂息时，他被几棵胡杨树深深吸引住了。

蔚蓝的天空下，不远处一排排耸立的采油井架闪烁着奇异的光芒。这是一种倔强的守望姿态：沙暴来袭时，它们颤抖着身子发出尖厉的呼啸，那是它们在歌唱；更多的时候，它们缄默于浩瀚星空之下，聆听寂寞踩着沙砾走来走去；而穿梭于其间的时间，毫无疑问，将带走绝大多数的事物，但也会有一些东西，将恒久地矗立在人类探索自然、建设家园的历史旷野中。

风劲帆满向"新"行

最美科技工作者故事汇

唐立梅

驭"龙"图

王 松

世界上最广阔的是海洋，比海洋更广阔的是天空，比天空更广阔的是人的胸怀。

——雨果

1978 年春天，一个叫何桂青的农村女人经人介绍，从四川来到河北蠡县的北王村，嫁给了一个比她大 6 岁，叫唐小四的普通农民。没有人知道，此时，在她的心底还一直埋藏着一个梦想——上大学。而这次远嫁，也就注定，今生的这个梦想只能是一个梦了。当时，她也许想到了，也许不会想到，若干年后，这个梦，竟然在自己孩子的身上实现了。她生下的一双儿女，后来一个成为硕士，一个成为博士，这不要说在北王村，就是在北王村所在的北王乡，蠡吾镇，乃至整个蠡县，甚至在她的四川老家南充，顺庆的芦溪镇，也是很少见的。

而且，她的这个女儿，是一位有着"特殊意义"的博士。

我们中国人往往把最有本事的人说成是可以上天入地，比如，《西游记》里的"孙大圣"。而就现代科学而言，这个"上天"，应属于航天领域，"入地"则属于地质。这里所说的这位女博士，之所以说她具有"特殊意义"，是因为她就是搞地质的，具体说是海洋地质，所以不是"入地"，而是"入海"，而且是我们国家第一位乘"蛟龙"号载人深潜器潜到西太平洋海底2774米深处的女科学家，还是兼具大洋深潜和南极科考经历的第一位中国女性科学家，同时是自然资源首席科学传播专家，还是一位著名的科普作家。

如果用今天时尚的说法，也是一个网红。

此时，坐在我面前的，是一个让我无法准确判断年龄的女性。她看上去不过30来岁，装束有些随意，这几天杭州阴雨，有些湿冷，所以穿一件浅色的长款羽绒服，但明显透出青春和时尚的气息。可是，考虑到她的经历和学术成就，又似乎不应是这个年龄。

在我手里，有一份关于她的学术成就和获得的各种荣誉以及参加各种社会活动的详细介绍：唐立梅，自然资源部第二海洋研究所（以下简称"二所"）副研究员，地质学博士，"蛟龙"号首位大洋深潜女科学家，同时是兼具大洋深潜与南极科考经历的第一位中国女科学家。曾搭"蛟龙"探海，乘"雪龙"破冰，主持国家自然科学基金项目等多项；在《GCA》等主流期刊发表学术论文40余篇，获国家科学技术进步奖特等奖提名；先后获得2013年"海内外有影响力的《中国妇女》时代人物"、2014联合国妇女署与网易"年度女性榜样奖"、2015年"最美浙江人—最美科技人"、2018年浙江省三八红旗手、2019感动河北十大人物、2019年全国向上向善好青年、2019年度全国三八红旗手、2020典赞科普中国十大科学传播人物、金砖国家女性领导力论坛木兰奖以及2022"浙江骄傲年度十大人物"等荣誉；入选"新中国百位女性第一"展览；团中央青年讲师团成员，自然资源首席科学传播专家，杭州市博士后全球引才大使，2022 年度"最美科技工作者"，全国巾帼科普专家。

是的，她笑笑说，我是 1981 年生人。

我有些意外。如果这样算，她应该 43 岁，确实很年轻，但看上去显得更年轻一些。

我习惯直奔主题。所以，提的第一个问题是，您有了今天这样的学术成就、科考经历和社会影响，当然也包括现在的工作和生活条件，还有什么遗憾吗？

她听了笑笑，说，没有。

接着又说，只有感恩。

感恩？

对，感恩。

她说，要感恩我们这个宇宙 138 亿年的高能演化，感恩生命 35 亿年的漫长进化，感恩直立人的所有努力，感恩中华民族的血脉相传，感恩国家的培养和时代的机遇，感恩二所这个国家队的平台，感恩领导的栽培和同事的合作……

我看着她，哦了一声。

这种从宇宙初始的"奇点"到今天当下的眼前，跨度 138 亿年的感恩，也许，只有她这样的科学家才能说出来。法国作家雨果曾充满激情又饱含深情地说：世界上最宽阔的是大海，比大海浩瀚的是天空，比天空更为浩瀚的是人的胸怀。此时，我看着她，忽然想起这句话。

她又说，如果换个角度，还要感恩印度大陆板块和欧亚大陆板块。

我愣了一下，不知她怎么又拐到这个问题上来。

她笑笑说，很少有人想到，我们杭州这个地方，其实和撒哈拉沙漠在同一个纬度线上，就因为印度洋板块的移动，与欧亚板块不断碰撞、挤压，使青藏高原一点一点隆起，挡住了西亚的季风，才有了我们今天烟雨蒙蒙的杭州和西湖的景色。

她说着，朝窗外一指，您想象一下，如果没有这两个板块坚持不懈的作用，西亚的季风直吹过来，终日黄沙漫天，我们今天的杭州，会是什么样子？

尽管我也是理科出身，但还是第一次听到这样的理论。

我想，这应该就是搞科研的人独有的思考问题的方式。

我问的第二个问题就很普通了。但虽然普通，也还是要问的。

我问她，您搞海洋地质研究，是从小就立志要干这一行吗？

她的回答，又让我有些意外。

她说，不是。

沉默了一下，才又说，我是冲着浙江大学。

我问，为什么冲着浙江大学？

她说，很简单，浙江大学在浙江，在我心目中，这是一个富庶的地方。

我明白了。显然，她当年的初衷不仅是求学，也为谋生。

是的。

她这样说着，语调就有些沉重了。

她说，在她的记忆里，当年在家时，几乎没吃过米饭，永远是红薯和玉米粥。记得有一年的中秋节，那时还在住校，她正拼命学习，就是过节也舍不得抽出一点时间回家。父母实在想她，托人给带了一只鸡来。这可是一只香喷喷的鸡啊。班里一个家庭条件好的同学曾说，他最爱吃鸡，几乎每天都吃。当时她在旁边听了，心想，自己只有在过年的时候也许才能吃到鸡。所以这次，她一口气把这只鸡都吃了。事后才知道，父母只把鸡头和鸡脖子留下一点，一只鸡都给她带来了。那时在河北农村，女孩子一般读到中学就可以了，接下来就是嫁人生孩子了。但母亲对他们兄妹说的，永远是两个字，上学。

可上学就需要钱。那时，家里实在太缺钱了。

父母已经节省得不能再节省了，平时连一根裤带都舍不得买，只用绳子系着裤子。后来，母亲不得不做了一件让她自己，也让全家人都伤心的事。家里的门前，有两棵高大的杨树，母亲一直认为这两棵树是他们兄妹的象征，将来这两棵树成材了，他们兄妹也就成才了。所以，她和哥哥出外读书时，这两棵杨树也就一直陪伴着母亲。但是，母亲为了凑钱，还是一咬牙把这两棵杨树卖了，每棵卖了 500 块钱。后来她知道了，心里很难过。可难过又能说什么呢。再后来，每次回家，因为没有了这两棵杨树遮阴，总觉得很热。

她淡淡一笑，对我说，就这么简单，这就是我向往浙江大学的原因。

一个人，无论做什么事，天赋当然是重要的。米开朗琪罗曾说，雕像本来就在石头里，我只不过是把多余的部分去掉了。但他的这句话，如果换一个说法，就是首先要有能雕像的石头，否则，无论再怎么"有雕像"，再怎么"去掉"，也成不了雕像，比如朽木。但如果再换一个说法，即使这是一块"含有雕像"的石头，这个"去掉"的过程，也往往要付出巨大的甚至是难以想象的艰辛和努力。正如荀子在《劝学》中说的，只有"锲而不舍"，才能"金石可镂"。

我发现，唐立梅之所以成为今天的唐立梅，也就在于她锲而不舍的性格。

这一点，从她考博的经历就能看出来。

事情就是这样，一个哪怕再有天赋、再有实力的人，如果对一件事的意义看得太重，往往也会受到束缚。唐立梅从小学到高中，学习一直很出色，成绩在全校永远名列前茅。但高考时，也许是因为对浙江大学太向往了、太紧张了，却发挥失常，与自己心目中那个理想学校的录取分数差了十几分。但对高考而言，就是这区区的十几分，也如同一道难以逾越的鸿沟，甚至相当于一个天文数字。最终，她带着这十几分的遗憾，被调剂到河北工程大学勘查技术与工程专业。当然，对于她这种性格的人来说，是无论如何都不会认栽的。4年本科毕业，她本来已经工作了，但越想越不甘心。这时，也许冥冥之中有一个声音在对她说，人的一生中，如果有一个凭自己努力或许可以实现的理想而没去努力，有一天，会痛悔不已的。

我想，这个冥冥之中的声音，应该就是她自己。

于是，她一咬牙辞职了。

就求学而言，一个学子想要投身自己理想的学府会有3次机会：一是本科的高考，二是考研读硕士研究生，三是考研读博士研究生。唐立梅再次准备报考浙江大学，就是要考研读硕士研究生。但有意思的是，她这次报考的方向与本科所学的勘查技术与工程专业没有一点关系，是心理学。这里边是不是有成功概率方面的考虑，我没问，她也没说。不过我想，应该有一些。

但是，毕竟术业有专攻，况且又是考研，跨专业的难度也就可以想象。

最后的结果，又不言而喻。

这一次，她被调剂到云南的昆明理工大学地质专业。此时，如果再想报考浙江大学，就只有一次机会了。我不知道她当时想没想过这个问题，或者说，应该是肯定是想过的。一位先哲曾说，一个能做出异于常人的事的人，首先，他的思维方式就异于常人。

唐立梅就是这样。

这时，已经两次与自己理想中的浙江大学失之交臂，她的这个愿望反而更强烈了。如果换一个人，面对这最后的一次机会，一定会孤注一掷，甚至破釜沉舟，索性不顾一切地用全部精力去准备功课。但她不是。她在昆明读研这段时间，却去勤工俭学了，不仅用挣到的钱帮助同样在外求学的哥哥，还为家里的父母翻新了 3 间老屋。更有意思的是，即使是读硕士研究生，在有些人看来也并不轻松，而她这 3 年的硕士学业，这样打工，竟然只用两年就完成了。更神奇的是，就在她读硕士研究生的第 2 年，终于考上了梦寐以求的浙江大学博士生。当时，浙江大学的导师坦率地向她表示，按说，他们对博士考生的本科和硕士的学校是有一定要求的，而这次对她，是破格录取了。但最后，还是问了一句，你的硕士学业还有 1 年，能保证毕业吗？当时，唐立梅淡定地说，我连浙江大学的博士都能考上，硕士还不能毕业吗？

她对导师说，当然能。

一个有着奋进性格的人，一生中，总会有几个巅峰时刻。

我想，这应该是唐立梅人生中的第一个巅峰时刻。

就这样，她终于走进自己向往的学府，成为浙江大学地球科学学院 2010 届地质专业的博士生。可以这样说，这是她又一个梦想的开始，也是她后来真正踏上科研之路的起点。

但是，刚来到浙江大学，就和前两次的学习经历不一样了。因为是读博士研究生，而且几乎换了一个方向，知识结构就要重新调整，需要补充的知识太多了，有的甚至要从零开始。比如岩石学，就要从头学。但唐立梅毕竟有着"唐立梅式"的性格。她每天早晨天不亮起床，匆匆洗漱之后，7 点从玉泉校区乘校车到几十公里以外的紫金港校区，去和那边的本科生一起上大课，从头学习岩石学。就这样，一学就是一个学期。

我在关于她的资料中查找了一下，无论是她接受媒体采访时，还是在自己的自述中，关于浙江大学读博士研究生的这段经历，似乎提到的都不太多。但有一点可以想到，读博士研究生不同于一般的学业，尤其在今天，我们国家要培养一个博士，在各方面都有着极严格的标准和要求。所以，虽然一般的学制是 3 年，但很多博士生都会延毕，有的甚至要读五六年。而唐立梅又是重新转向，面对的很多专业知识都很陌生，难度也就可想而知。

但是，她用 3 年就毕业了。

她笑笑说，毕业是毕业了，甘苦自知，博士论文的答辩完了，老师请评委和学生们一起吃饭，权当毕业告别。那天也是喝了一些酒，回到学校，走在一条小路上终于忍不住了，一下就蹲在路边大哭起来。这些年，她付出了这么多，今天终于有了结果。也许是当时哭得太凶了，把旁边经过的同学都吓着了，一个女生过来问她，同学，你没事吧。

她点头说，没事。

我问，博士毕业，就来二所工作了？

她说，来二所工作，也是因为一件偶然的事，就在读博快毕业时，有一次，两位二所的研究员，现在也是她的同事，到浙江大学作报告，当时听他们描述深海里的一些景象，比如海底的"黑烟囱"，那是热液氯化物形成的滚滚黑烟，还有盲虾一类的生物，简直太神奇了。

她说着一笑，当时就想，自己也要搞海洋地质。

我说，就这样，来二所工作了？

她说，是。

唐立梅告诉我，自然资源部一共有 4 个海洋研究所，一所在青岛，二所在杭州，三所在厦门，四所在北海。这 4 个研究所各有分工，比如四所，是负责广西的近海，还有东盟一带；二所则是深远海，包括三大洋，也就是太平洋、印度洋和大西洋，再有就是南极和北极。

人的一生中，总会有几次选择。而在这些选择中，注定有一次是最关键的。我想，唐立梅博士毕业，选择了二所，也就注定，她的后半生要与海洋结下不解之缘了。

成功要凭努力，不能靠侥幸，这是常识。

但不容否认，幸运，往往也是必要的。

唐立梅就很幸运。刚入职两年，就有机会参与中国大洋 26 航次第一航段和第二航段在西北印度洋和北大西洋的科学考察。这也为她后来主持国家自然科学基金支持的多项课题研究，包括"西太平洋深部地幔过程"和"雅浦海沟俯冲年代及岩浆作用"等，在主流期刊发表多篇学术论文，以及后来参与数次重大科学考察，铺垫了坚实的经验基石。

2013年，在唐立梅的科研生涯中，再次迎来幸运。

中国第一个载人深潜器"蛟龙"号，在经过10年的研发和4年的海试之后，终于迎来它的首次科学考察。而唐立梅作为首批科学家团队的成员，参加了"蛟龙"号的这次"首秀"。

中国的载人深潜器，今天已发展到第三代。第一代，也就是"蛟龙"号，它的国产化率是70%，到第二代"深海勇士"号，国产化率就已达到95%，今天的第三代，也就是万米级的载人深潜器"奋斗者"号，已经是100%的国产化率，而且在太平洋的马里亚纳海沟已潜到10909米。中国的载人深潜技术从当年的跟跑，到并

▶ 唐立梅在"蛟龙"号中

跑，再到今天的领跑，已经走在世界的前列。

但 2013 年的这一次，毕竟是我们第一代深潜器"蛟龙"号的第一次深潜，其重大的意义不言而喻，对参与科考的科学家要求也就极高，不仅要有相关的课题研究，还要有区域科研背景和大洋科考经历，更要经过技能扩展和心理测试，能入选极不容易。可以这样说，"蛟龙"号是我们国家的第一代深潜器，又是第一次深潜，而唐立梅也是以第一位大洋深潜女科学家的身份参加这次科考，仅从这 3 个"第一"，就可以知道这个机会是多么难得。

关于这方面，唐立梅并没有细说。但可以想象，她从当年一步一步的努力，走到今天，终于迎来这样一个不要说常人，就是同行也很难得的宝贵机会，当时是怎样的一种心情。

应该说，这是她人生的又一个巅峰。

这次科学考察前，在无锡召开了航次筹备会，一方面介绍整个航次任务，同时对这次参航的科研人员进行了包括心理方面的培训。然后，在实验性水池进行了试验，也进入真实的"蛟龙"号学习一些基本操作。不言而喻，这种科学考察不仅要求有很好的心理素质，对身体素质的要求也很高，所以，直到 7 月出发前，为增加体能，她一直在坚持跑步健身。

出海后，在执行深潜的前 3 天，指挥部又召开了第 72 次深潜任务会议，正式确定唐立梅作为深潜人员执行这次任务。之后，发了一个背包，里面有巧克力、坚果和一条毛毯。巧克力和坚果是用来补充能量的，因为整个深潜的时间是 10 小时，这中间没有饭吃。毛毯则用来御寒。下到海底之后，海水的平均温度只有 1—2 摄氏度，作业环境会很湿冷。

"蛟龙"号的舱内空间很狭小，直径只有 2.1 米，还有拍摄和生命支持系统等一些设备，留给人的活动空间极为有限，当然，也就不可能有卫生间。所以，在执行深潜任务的前一天晚上，按规定要求就不能喝水了。唐立梅担心自己忘了，一不小心会下意识地去喝水，特意把水杯收起来。第二天早晨，也只吃了一个煮鸡蛋和几块饼干。下水前，仍然滴水未进。

只有专门搞这个领域研究的科学家，才会真正知道这种大洋深潜科学考察的意义。它的难得之处，就在于可以身临其境地观察海底的地质现象，不仅有直观感受，更重要的是可以精确地用机械手采集完整的生物样本。在此之前，没有载人深潜，只能使用拖网取样，采集到的生物样本和地质样本混在一起，出水时，很多样本由于挤压和碰撞已经破碎，而且不知来自哪个水深和具体的坐标位置，只能是粗略估计。现在有了"蛟龙"号，就可以精确取样。

这次下潜的科研目的是调查海底的矿区资源。唐立梅提前已做了精心准备。根据之前的科考记录，她发现了一直没采集到的新鲜玄武岩，这也就成为此次的重点任务之一。

"蛟龙"号这次下潜，具体位置是采薇海山的西侧。"采薇海山"是由我们国家自主命名的，来源于《诗经·小雅》中的名句"采薇采薇，薇亦柔止"。中国对国际海底地理实体的命名，有自己的命名体系，主要用的是《诗经》专名体系，对三大洋的命名使用的是《诗经》中的"风、雅、颂"，这既传播了中华文化，也拓展了深海权益。比如太平洋麦哲伦海山区的采薇海山、采杞海山、维嘉海山、鹿鸣海山，再比如大西洋的玉海脊、采蘩海山、凯风海山以及印度洋的龙旂热液区、天作海山、天成海山等。

9 月 7 日，对唐立梅来说是一个难忘的日子。

执行这次深潜之前，由于激动和对一次未知经历的兴奋，连续几天，她心脏一直在狂跳。但进入"蛟龙"号，在开始下潜的一刻，她突然平静下来，心跳仿佛都安静下来，似乎一切都静止了。执行这次任务的一共是 3 个人，主驾驶员是傅文涛，唐立梅和叶聪分别在左右的观察窗。

随着不断地下潜，舱外越来越暗，舱内也明显感觉越来越冷。3 个科学家裹着毛毯，感觉阳光渐渐消失了，好像来到了另一个漆黑的世界。下潜到 350 米时，第一个发光生物出现了，看上去像黑夜中亮起的一颗星。渐渐地，"星星"越来越多，有的如同流星，在舷窗外一闪而过，也有的像萤火虫，一只一只地漂过去，又像是灿烂的烟花在黑暗中绽放。

接着，一幅神奇而又美丽的图景，就在眼前展现了。

丝袜一样的玻璃海绵，6 个触手的海葵，两米多高的冷水珊瑚，罕见的玄武岩和磷块岩……唐立梅紧张地工作着，始终跪在舷窗前，唯恐错过任何一个观察、拍照和取样的机会。

这时，我忍不住问，2774 米的海底，有多深？

她想了想，这样说吧，垂直距离，大约 5.5 里。

我想象了一下，如果用北京的长安街来比喻，应该是从东面的建国门到天安门的距离，把这个距离竖起来，天安门是海面，建国门是海底，应该就是唐立梅所乘"蛟龙"号下潜的深度。

这个垂直的深度距离，"蛟龙"号下潜用了一个多小时。

终于，"蛟龙"号像一架飞行器，降落在采薇海山西侧的山坡上。在这里，可以看到成片的灰白色沉积物，一眼望去，海底就像火星的表面。周围像外太空一样漆黑，同时有一些在陆地上难以想象的生物，有半透明的粉色海参，有晶莹剔透的海绵，还有像彼岸花一样的"一根茎托着一朵花"的化能生物……唐立梅兴奋得几乎喘不过气来……

就这样，她和两个同事在湿冷的舱内工作了4个多小时，终于完成了预定的任务。这时，海面的船上发来指令，通知"蛟龙"号，3点多开始上浮。

唐立梅和两个同事得到指令，终于松了口气。

但就在3点24分，又出现了新的情况，观察窗外，一个新鲜的岩层断面出现了。唐立梅通过观察，这个断面应该很坚硬。根据判断，基本可以确定是要寻找的玄武岩。

于是果断决定，抓取。

在主驾驶的操作下，这个岩石样本终于被顺利采到了。

这次深潜科学考察，唐立梅和她的同事从海底带回了8升近底水样、11块岩石、2管沉积物，还有冷水珊瑚、海葵、海胆、海绵、海星、海蛇尾和寄居蟹等11种生物样本。只这一次，就比20年来采得的海洋生物样本都要多，且样本更完整，位置更精确，种类也更丰富。

唐立梅回到海面上时，由于"蛟龙"号里逼仄的环境，作业一直要跪在观察窗前，所以膝盖痛得几乎不能动了，而且精疲力竭。但是，我看到一张照片，这应该是她在出"蛟龙"号的那一刻同事给拍的，虽然脸上带着从海底归来的疲惫，可是由于兴奋，还是洋溢着灿烂的笑容。船上的同事们在欢呼声中往她的身上泼了6桶水，这是迎接深潜归来的勇士最隆重的仪式。

▶ 唐立梅随"蛟龙"号深潜后出舱

　　我想，或许有一天，我们人类也可以穿上类似太空舱外的压力服，在深海中出舱作业。

　　我问她，有这个可能吗？

　　她说，有这个可能，如果建起"深海空间站"，就可以实现。

　　接着，又笑笑说，现在，已经在我们的规划中了。

　　我作为一个小说作家，思考问题的方式往往与报告文学作家不太一样。出于职业习惯，我向唐立梅提了一个题外的问题。我问，一个地质学家，早晨在河边跑步时，会想些什么？

　　她想了想，告诉我，有时会下意识地观察岸边的树木，但琢磨的不是叶子的形状或树皮的纹理，而是想，在中生代时，它会是什么样子？有的时候还没想出答案，思维就又会发散到另一个问题，中生代的恐龙统治地球 1.6 亿年，而我们每天早晨都在吃恐龙蛋，因为鸡就是恐龙的一支。她笑笑说，这样的思维经常会不停地来回跳跃，有时很具象，有时又很宏观。比如，我经常会想，其实万物皆同源，树是碳，我们人类也是碳基生命，同时吃的也是碳水化合物，百年之后，我们经过火化又是一堆骨灰，和树的灰烬没什么区别，又都是碳。

我有一种感觉。在她的大脑中，不仅是科学家的思维，也充满了神奇的想象，而这些想象又有着丰富的联想。或许，这就是她在搞科研的同时，又是一名科学传播者，还是一位著名的科普作家的原因。比如，比起时下流行的各种综艺，她说，她更关注马斯克或人造太阳。毕竟再过 45 亿年，地球就会变凉，内部的能量消耗殆尽之后，就会变成一个僵死的星球。我们未来肯定要移民太阳系或别的星系的其他星球，实现可控的核聚变。

我问，你对现在从事的专业，真的很热爱吗？

她认真地说，真的很热爱。

她说，当年在浙江大学时，有一次听郑强老师演讲。他说，他爱上自己从事的高分子专业，就是在写博士论文的时候，在地下室连续熬了一个多月，出来时就发现自己已经深深爱上这个专业了。因为，为它付出的实在太多了。当时的这番话，她至今还记得。其实任何一个领域，在科研阶段都很枯燥。但是，你一旦真的深入进去，就会发现它越来越有意思。

我又问，你怎样看待女性科学家从事海洋地质的科学研究和科学考察，这毕竟很辛苦。

她笑笑，似乎有些不以为然，沉了一下才说，性别从来就不是用来框住一个人的，个体差异往往要大于性别差异。在生物学里有一种鱼，领队是雄性，如果这个雄性死掉了，这个鱼群里立刻会有一只雌性，在几小时内转化成雄性，带领这个鱼群继续生存。在科研领域，只要一个人具备理性思维、独立思考和研究能力，不论男女，都可以把工作做得很出色。

我说，关于你说的理性思维，能说得再具体一点吗？

她说，比如，就是这个性别的问题，我会从生命的产生去溯源，我们的生命是起源于海洋，5.4亿年前产生了地球80%以上的生物。我们都是由鱼类进化来的，我们是脊椎动物，而最早的脊椎动物就是鱼，鱼类从两栖到爬行动物，到哺乳动物，再到南方古猿，直到后来一系列的进化，我们人类是南方古猿在偶然的两次DNA错误的复制下产生的。从进化来看，如果把地球的历史比作24小时，人类是在最后一刻才出现的，所以我们人类很渺小。万物都在生存繁衍，我们生活的意义，就是绽放和体验，这是第一层意义。第二层，是探索未知，然后延续人类的文明。既然45亿年后地球会僵死，我们就要有寻找"地球2.0"的项目。最终，我们的星辰大海就是宇宙，去探索地外生存空间。她充满激情地说到这里，又笑了笑，其实，我们都是35亿年前的星际物质，源于星际，将来有一天，还会回归星际。

她轻轻舒出一口气，说，这就是理性思维。

我必须承认，在我的写作生涯中，我曾采访过各种各样的人，但和这样的科学家对话，还是一种全新的体验。不仅是我，在很多人的印象中，都觉得科学家是刻板的、木讷的，一直沉浸在自己的研究领域里，似乎已不食人间烟火。但是，坐在我面前的唐立梅，她的思维不仅活跃，而且跳跃，似乎可以在宇宙的几十亿甚至上百亿年的时空里来回穿梭。

这时，窗外的雨又淅淅沥沥地下起来。

据说我来杭州的前一天，西湖边还是响晴薄日。但我还是喜欢雨中的杭州，似乎这种烟雨蒙蒙才是这里应有的色彩。这时，我又想起她的话，没有人会想到，这样诗一般的杭州，竟然和撒哈拉沙漠在同一个纬度线上，而它有今天，完全是因为印度洋板块和欧亚板块的作用。

我们的话题，又回到她去南极科学考察的经历。

这是在 2017 年至 2018 年，因为总共用了 165 天，所以中间跨越了一年。这是我们国家对南极的第三十四次科学考察。科学考察队总共 100 多人，其中科研人员有 30 多人。但对于唐立梅来说，

▶唐立梅参加中国第三十四次南极科学考察，并与"雪龙"号合影

这次的南极之行还有一个不同寻常的意义，因为她在 2013 年已参加过"蛟龙"号深潜的科学考察，所以，她是兼具大洋深潜与南极科学考察经历的中国第一位女科学家。

应该说，这又是唐立梅人生中的一个巅峰。

这次去南极，对她来说最大的问题就是晕船。有的人晕船只一次，经过这次之后，再上船就不会晕了，或至少不会像前一次那样厉害。但唐立梅不是，2012 年春天，她随队去西北印度洋和北大西洋科学考察，3 个多月的时间晕得一塌糊涂，后来再出海，仍然会晕。这次去南极就更严重了，因为要穿过南纬 45 度至 60 度线，这一带由于常年受西风气旋的影响，形成一片气候极为恶劣的风浪区域，被称为"魔鬼西风带"。"雪龙"号科考船的船身有 160 多米，排水量达到 2 万多吨，能以 1.5 节的航速连续冲破 1.2 米厚的冰层，但在穿过这个"魔鬼西风带"时，也会颠簸摇晃得很厉害。船舱里已经固定好的行李箱不停地滑来滑去，洗脸盆从盆架上哗啦一下就掉下来，书桌上的书和一些用具也都摔到地上。在这样剧烈的摇晃中，她已经不知是白天还是黑夜，一直在呕吐，即便躺在床上，两手也要紧紧地扒着床沿。这时，她才真正体会到曾参加首次南极科学考察的郭琨前辈所描述的晕船情形：一言不发，二目无光，三餐不食，四肢无力，五脏翻腾，六神无主，七上八下，九卧不起，十分难受。

这个说法不仅生动，而且太形象了。

一天早晨，她从床上起来，发现窗外已经风平浪静。再看，海面上已出现了大片的浮冰。"雪龙"号终于进入南极圈了。接着，在冰上和水里，就可以看到企鹅了。

这时，她的心里一阵激动。

是啊，终于挺过来了。

此时，她很想给女儿打一个电话。在新西兰转港时，她曾跟女儿视频通话，当时问孩子，想妈妈吗？刚刚 1 岁的女儿虽然才牙牙学语，但一个字一个字地说，不想妈妈。

女儿的话，好像印在了心里，一直挥之不去。

但此时，手机已经没信号了。

这次的南极科学考察，科学考察队要在恩格斯堡岛建设中国的第 5 个南极考察站。这个岛位于东经 163 度 46 分、南纬 74 度 54.7 分的南极大陆罗斯海，它还有一个奇特又有些苦涩的名字——"难言岛"。相传，曾经有几位极地探险家受困于此，度过了整整一个冬季，历经的种种磨难难以言表。所以，这个岛才由此得名。而其实，这个难言岛的"难言"还有另一层含义，就是它的难言之美。这里如同人间仙境，蓝天、白云、碧海、雪山，纯净得似乎已不能再纯净。唐立梅此行的任务，是在岛上进行地质考察和样本采集。因为极地的气温和环境等自然条件的限制，真正留给她野外考察的时间，实际只有两天，尽管当时的天气并不适合勘探，但她还是把这个恩格斯堡岛跑了一个遍。每天早晨 8 点，直升机把科考队员从"雪龙"号运送到恩格斯堡岛上，他们就开始了一天的工作。当时，她是全队唯一的一个可以合法采集岩石样本的科学家，而每到一处，又都是非常罕见的地质现象，就每一个断面都想采集。南极这种地方很独特，紫外线极强，却又天寒地冻，她穿着厚厚的企鹅服，还经常冻得浑身打战。戴着面罩，拿着"地质三大件"——罗盘、锤子和放大镜，背着几十斤重的岩石样本，就这样在岛上每走一步，都是一个深深的雪窝，最要命的是雪的下面还有鹅卵石，一步一滑。有时采的岩石样本太多了，实在背不动，就只能堆在一处，插一面旗子，等直升机来了再拉回到船上。

进入南极圈后，不要说 Wi-Fi 信号，连手机信号也没有。今天的人已经养成习惯，一时一刻也离不开手机，倘若有几分钟手机没在身边或没信号，立刻就会感到焦虑，似乎与这个世界隔绝了，有人把这种心理现象称为"手机依赖综合征"。但这时，科学考察队的人只好把手机都放下了，无论有什么事，只能面对面地交流。可是毕竟还要和国内的家人联系，至少报一个平安。于是，很快有人发现了窍门。央视记者和新华社记者要经常向国内传输新闻稿件，借这个机会，可以蹲在旁边蹭网。大家戏称这是"央视网吧"和"新华社网吧"。

唐立梅说，这样的付出是值得的。

这次从南极回来后，她通过研究采回的岩石样本，开辟了一个新的研究方向。南极已有 38 亿岁，这些样本，可以帮助研究 5 亿年前的南极，这时正是它的青壮年时期。

自然资源部第二海洋研究所坐落于西湖区的保俶路上。此时，窗外还在飘着细雨，沙沙的声音很静。空气中飘浮着一种江南特有的清新、潮湿，含着植物青涩的气息。

这时，我看着唐立梅，心里在想一个问题。

在汉语中，"巅峰"一词的含义是顶峰，但也有高峰的意思。这就说明，它是相对的，而不是绝对的，因为顶峰的高度已是极限，高峰则不然，虽已很高，但还可以更高。由此可见，人的一生中，在每一个阶段都意味不同，也就会有一个又一个不同的巅峰。

而一次次地登上自己的这些巅峰，也就是人生的意义所在。

我想起《警世贤文·勤奋》篇里的一句话，梅花香自苦寒来。

唐立梅曾历经曲折，凭着常人少有的一股韧劲和不懈的努力，终于以一个博士生的身份昂首走进自己理想中的高等学府。而后来进入自然资源部第二海洋研究所，又以一个海洋地质学家的身份随"蛟龙"号深潜到大洋几千米的海底，几年后，再以同样的身份赴南极进行科学考察，成为兼具大洋深潜与南极科学考察经历的中国第一位女科学家，也一次次地登上自己人生的巅峰。

有一点可以肯定，这些巅峰，一个比一个更高。

此时，我想知道，她后面的目标是什么。

但是，我没这样问。我们的话题又转到她目前从事的科学传播和科普写作上来。

她告诉我一件事。1936 年，爱因斯坦在一次演讲时曾说，教育的首要目标永远是独立思考和判断的总体能力的培养，而不是获取特定的知识，如果一个人掌握了他的学科的基本原理，并学会了如何独立地思考和工作，他肯定会找到属于自己的道路。她说，她记得很清楚，第一次读到这段话，是在 2023 年 7 月的一天，当时眼里立刻就涌出了激动的泪水。因为这几年，她在从事科学传播和科普写作的过程中，也一直在思考这个问题，而且有相同的感悟和心得，没想到，在这个问题上，竟然与 97 年前的爱因斯坦相遇了。

她这样说着，就又激动起来。

她说，我隔着时空，竟然共鸣了这位伟大的科学家。

这时，我已感觉到了，她虽是一个具有理性思维的科学家，竟然也很性情。

科学是一种信仰，用理性的思维方式构筑一个人的认知体系，用科学的思维方式普惠大众，这就是科普的意义。她对我说，作为一个科研工作者，同时是一个科学传播者，一个科普作家，我找到了属于自己的路，这是我在自己的科普作品中要表达的核心思想，也就是要努力找到自己热爱的事情。一个人，只有热爱才不会迷茫，也只有热爱，才会勇往直前。而所有的努力，都是为了让我们拥有选择自己热爱的能力，有实现心之所向的能力。

她说到这里，语调稍微降下了一些。

她说，她一直记得世界著名的诺贝尔物理学奖得主、中国科学院的外籍院士朱棣文先生在哈佛大学毕业典礼上的发言。他在当时是这样说的，当你白发苍苍垂垂老矣的时候，你需要为自己做过的事情感到自豪，物质生活和你实现的占有欲，都不会产生自豪感，只有那些受你影响，被你改变过的人和事，才会让你产生这样的自豪。

她忽然笑笑，又对我说起一件事。

2013 年，她在结束"蛟龙"号深潜的工作不久，接到浙江大学校友志愿者组织的邀请，到杭州的一所外来务工子弟学校，作一次关于大洋深潜的公益讲座。这是她平生第一次参与这种科普活动，尽管作为一个科学家，这些年已经历了世界各地的各种大风大浪，而且有着潜入深海和远赴南极的经历，但面对坐在下面的这些中小学生，还是很紧张，甚至手都有些抖。

她这样说着，又忍不住笑着摇摇头。

▶唐立梅在科普活动现场

　　我明白，这种紧张并非真的紧张，而是来自激动和兴奋。同时，也是一种责任心。

　　是啊。她说，真的是这样。

　　后来在进入互动环节，孩子们好奇地问，极光是什么样啊？海里有什么啊？为什么要去科考呢？这时，她的心里顿时生出一种不同于在科研中的成就感，她第一次意识到，一个科学家，不仅要搞科研，也应该做科普。她告诉孩子们，海洋占地球总面积的71%，在茫茫大海的下面，在幽深的海底，同样有连绵起伏的山脉，有宽阔平坦的海盆，也同样蕴藏着巨量的矿产宝藏和丰富的生物基因资源。在大洋中脊，有多金属硫化物；在海山，有富钴结壳；在海盆，有多金属结核和稀土。到深海去科考，既关乎未来的国际资源，也关乎研究生命的起源……她这样讲着，看着下面的孩子们一双双睁大的眼睛，突然感觉自己的眼睛湿润了。

她沉了一下，问我，这种感觉，你能想象吗？

我没说话，只是点点头。

也就从这以后，她说，她开始到各中小学、高校、电视台和互联网参与各种科普活动，至今已有200多场。仅在2023年，就作了50多场科普讲座。最多的时候，一个月就有十几场。当然，这样高频次地参加各种科普活动，而且自己还有科研任务，又要参加国内外的各种学术会议，也就经常紧张得喘不过气来。最紧张的一次，是去迪拜参加联合国气候大会，会议一结束，立刻搭乘当天凌晨的航班返回国内。刚一落地，就又开始了下面的科普行程。

前面已经说过，我发现，唐立梅作为一名科学家，有个不同于旁人的地方。我们以往说起科学家，都是终日沉浸在自己的研究世界，与现实生活似乎已经格格不入，比如低头走在街上，撞了树还要抬头向树道歉，或做饭时忘了放盐，或干脆把碱当成盐放到菜里。这些闹出的笑话让媒体记者和报告文学作家再生动地描述出来，也就更加让人们印象深刻。但唐立梅不是这样，她给人的感觉，也包括说话，都透出一种青春和时尚。她的思维非常活跃，而且跳跃，一直在不停地来回切换，语速也快，有时几乎让人跟不上。

她的一个硕士研究生说起她来，是这样评价她的，唐老师讲硬核知识点时，从来都一丝不苟，逻辑也很严谨，但又不墨守成规，讲课往往天马行空，很少按教材照本宣科，她尤其爱用比喻，比如讲岩浆，她说像热巧克力，岩石是曲奇饼干，沉积岩是千层面。

不仅是她的学生，很多听过她讲座的人也都这样说，唐老师的比喻形形色色，比如，地球是由不同温度和压力烹制出的不同美味"食物"构成的，像岩浆岩，是带杏仁和瓜子仁的巧克力，变质岩是混合饼干；再比如，地球是一个鸡蛋，我的工作，就是研究已经干掉的蛋清。她在一篇文章中，曾这样总结自己从事科普的心得，要善于描绘美好的场景，吸引注意力，采用形象化的比喻，用生动的语言让科学知识有温度，用讲故事的形式串联知识，保持幽默……

"让科学知识有温度"，这真是一个很新又很形象的说法。科学知识，尤其是自然科学知识，往往由于过于抽象，又太专业，让人感觉枯燥无味，接受起来也往往会有障碍。而一个"有温度"，就让这些知识一下就有了色彩，乃至气味，也就赋予了鲜活的意义。

我半开玩笑地问她，如果把你说成一个网红，这样的说法，你抵触吗？

她立刻笑了，说，当然不抵触，这是好事啊！

她很认真地说，让科学家成为网红，总比现在的一些所谓的明星要好。生命的意义在于探索，她做科学传播的目的，就是要引导大家形成理性的思维方式，让科学家成为青少年心目中的偶像，科学家才是他们应该追的星，也让全社会形成热爱科学的风尚。

她这样说着，又有些激动起来。

我明白了，她现在之所以每天都在坚持健身，不仅是为了保持良好的健康状态，也为保持身材，或者说是保持一个好的形象，这也是她很注意自己外表的原因。她笑着说，她要让今天的孩子们看到，将来从事科研工作，成为一个科学家，同样可以青春靓丽。

这几年，她去得最多的地方是西部。因为她觉得，那里的孩子们更需要点燃科学的梦想。一次，她去云南文山壮族苗族自治州，为当地少数民族的"女童班"上课。后来，孩子们给她写信说，听了唐老师讲的这些新奇的故事，就好像看到了大山外面的世界，所以更想出去看一看，也想成为像唐老师这样的科学家；重庆万州的一所中学，学生们听了她的科学讲座后，在高考时，竟然有20多个同学报考了海洋类大学。她说，每当这些孩子向她表达也要成为一个科学家的志向时，她就感到很欣慰，这就是科普的意义。也许，你在不经意之间，就点燃了很多孩子的科学梦想，这和她的科研工作同样有着很重要的意义。

我没想到，她竟然还是一位科普作家。从事科普写作，一方面是她的热爱，另一方面应该与她在前面所说的从事科学传播的初衷是一样的。她出版的第一本书，是应一家出版社之约，翻译一本名为《伟大的探险》的科普读物，书中讲述了21位探险家的故事。这本书出版后，她比完成了一项科研的课题还有成就感，用她自己的话说，比发表一篇学术论文还要兴奋，因为它会面向更多的人。这本书，后来还获得了自然资源部优秀科普图书奖。

在采访期间，我有幸拜读了她的一篇刚刚完成，还没发表的科普作品。

应该说，我感到有些意外。

有着科研背景的文字，我曾认真读过，而且感到意外的一共只有两篇。一篇是天津大学仪器科学与技术专业一位很有才华的年轻博士后，叫倪皓，写的一篇博士论文；唐立梅的这个作品是第二篇。我一直有一个想法，我们往往把有别于"纯文学"的写作归为"应用写作",而一旦归到这边,对文字的要求也就是另一个标准了。但我认为,无论是什么性质,什么题材或内容的写作,都可以由于作者的精神特质和特有的表达习惯,使文字形成一种只属于他的讲述或阐述风格,而这种风格一旦形成,同样会形成一种文学意义的语境。所谓"语境",不仅是文学作品才有,自然科学的文章,乃至学术论文也应该有。比如那位叫倪皓的年轻博士后所写的论文,虽然有一个非常抽象而且很拗口的题目——《大深径比小孔超声辅助电火花加工关键技术及其机理的研究》,但在他的行文中,却有着一种罕见的"诗性"。这一次,我读到唐立梅的这篇科普作品也是如此。尽管在与她的交谈中,已从她的语言表达中感觉到,她应该有相当高的文学素养,而且毕竟已有 200 多场科普讲座的经历。但还是没想到,她的文字竟然这样老到,且有着一种浪漫的诗性,能把读者一下就带入她作品中的语境。

就写作而言,她的这篇作品不是"写"的,而是"说"的。

最近,她的又一本名为《随"蛟龙"探深海》的新书也出版了,首发就达到 5 万册。这部作品是立足于个人"生命的意义在于探索",同时从国家"海洋强国"的战略层面,深入探讨了探测深海和研发载人深潜器的意义,并以"蛟龙"号研制和应用的故事为主线,详细讲述了中国近几十年来在深海探测方面的前沿成就。同时,又以一个海洋地质学家的专业视角,为青少年科普了大量的海洋基本知识,可以说,这是一本深海类的小百科全书,知识不仅全面,也通俗易懂,很适合中小学生阅读。而其中呈现的一幅幅动人的画卷,也引导青少年读者去思考人类与宇宙、人类与地球、人类与海洋的关系。在这本书里,她还结合自己随"蛟龙"号下潜到

2774 米的采薇海山科学考察的亲身经历，以一个科学家的严谨和女性细腻的诗意，描述了在深海中的所见、所闻、所思。我想，这样一本书，真应该列入中小学生的必读书目。

她告诉我，现在，她正在写一本题为《地球厨房》的科普作品，而且今年，她跟出版社一口气就签了 4 本书。她的书每卖出一本，都会有一元钱捐给"蛟龙青少年科学素质提升计划公益基金"。她有一个理想，将来有一天，可以用这个基金，资助有志的孩子去南极科考。

结束这次采访，从第二海洋研究所出来，细雨还在轻轻地飘着。

这时，我忽然有一种感觉，似乎这次采访，也随着唐立梅在 138 亿年的宇宙时空中游历了一遭，同时，也跟随她深潜了一次西太平洋的海底，去了一次南极的恩格斯堡岛。

现在，细雨落到脸上，我才意识到，又回到了现实。

应该说，这种交谈，在我的写作经验中是不多的。

我们平时总习惯站在现实的角度，或就当下而言思考问题，一下把时间轴的纵深拉长到 138 亿年，空间的参照系放大到整个宇宙，这种思维方式所带来的感受，确实是一种全新的体验。再想，我又对唐立梅由衷地敬佩，一名如此年轻的女科学家，我们中国科考的两条"龙"，一条"蛟龙"，一条"雪龙"，她都经历了。

想到这里，这篇文章的题目也就有了。

对，就叫《驭"龙"图》。

后　记

　　自 2018 年起，中央宣传部、中国科协、科技部、中国科学院、中国工程院、国家国防科工局 6 部门联合在全社会广泛开展"最美科技工作者"学习宣传活动。各地区各部门各单位加强组织领导，精心筹划部署，严密组织实施，积极稳妥开展相关工作，大力推动理念、内容、手段等全方位创新，确保了学习宣传活动有力有序有效推进，使之成为培育和践行社会主义核心价值观的重要抓手，以及加强科技工作者政治引领和政治吸纳工作的实际举措。

　　在此过程中，涌现出了邓景辉、陈章、袁守根、李桂科、柯卫东、马依彤、刘中民、李德生、唐立梅等一大批"最美科技工作者"。他们是忙碌在实验室、操作间、手术台上的科学家、工程师、医护人员，他们在科技创新、工程建设、产业发展、公共服务的各条战线上，干惊天动地事，做隐姓埋名人，以卓越的智慧和辛勤的汗水，书写着科技强国的壮丽篇章。他们追求无私无我，坚持自立自强，矢志求索求是，展现了全面建设社会主义现代化国家新征程中的排头兵风采。在此，我们向历届"最美科技工作者"

学习宣传活动先进个人和全国广大科技工作者致以崇高的敬意！

"最美科技工作者"报告文学的创作和传播，离不开作家的二度加工。纪红建、周习、李燕燕、任林举、叶梅、雅楠、鹤蜚、铁流、赵方新、王松等作家的生花妙笔，将典型人物的科技报国、勇攀高峰的形象生动展现在读者面前，描绘了科技工作者的群体形象和时代风貌，对于发挥典型价值、激发榜样效应，营造尊重劳动、尊重知识、尊重人才、尊重创造的社会氛围，具有重大意义。在此，我们向中国作协和各位作家表示由衷的感谢，并希望以此为契机，建立科技界与文艺界的常态化座谈交流、调研采风机制，共同加强科学家精神时代内涵的凝练阐释宣传。

面向未来，科协组织使命光荣、重任在肩。我们将一如既往地发挥桥梁纽带作用，坚持打造团结引领有力度、联系服务有温度、学术交流有深度、创新驱动有速度、战略咨询有高度、科学普及有热度、开放合作有广度的科技工作者之家，将广大科技工作者凝聚在以习近平同志为核心的党中央周围，不断增强创新自信，把爱国之情、报国之志融入创新创造，汇聚建设世界科技强国的磅礴力量。